SQL Grundlagen

SQL lernen leicht gemacht

von Fabian Gaußling

Inhalt

Vorwort

Seit mehr als 40 Jahren gibt es die SQL nun schon. SQL, das steht für Structured Query Language und die Konzepte dahinter sind heute aktueller denn je. In den heutigen Zeiten fallen immer mehr Daten in allen möglichen Bereichen an. Somit ist es wichtig, mit diesen Datenmengen auch umgehen zu können. Dazu ist die SQL nach wie vor notwendig. Das Konzept der relationalen Datenbank existiert nun schon seit mehreren Jahrzehnten und ist aus der heutigen IT Welt nicht mehr wegzudenken.

Nahezu jede Anwendung speichert Ihre Daten im Hintergrund in einer Datenbank. Neben Anwendungen fallen auch zunehmen Daten in allen möglichen Hardwarekomponenten (Sensoren, etc.) an. Aufgrund dieser Daten haben sich vollkommen neue Anwendungsfälle für Datenauswertungen ergeben, z.B. Qualitätskontrolle, Produktverbesserungen, etc. Aus diesem Grund wird die SQL zunehmen auch für Leute aus IT fernen Bereichen interessanter: Ingenieure, Mediziner, etc.

Dieses Buch soll die SQL auf eine praktische Art und Weise jedem nahe bringen, der sich für dieses Thema interessiert. Dazu werden im ersten Kapitel zunächst ein paar theoretische Grundlagen gelegt und entsprechende Begriffe geklärt. Kapitel 2 beinhaltet die Vorstellung der Datenbank, die Grundlage ist für alle Aufgaben in diesem Buch. In Kapitel 3 werden dann Tabellen erstellt und mit Daten gefüllt. Im nächsten Kapitel werden dann die ersten lesenden Abfragen erstellt und die grundlegende Dinge wie z.B. Spalten auswählen, Datensätze einschränken, Berechnungen, Funktionen, etc. erklärt. Dabei wird immer nur auf eine Tabelle zugegriffen. In Kapitel 5 werden die sog. Joins vorgestellt, um auch Abfragen zu erstellen, die auf mehr als eine Tabelle zugreifen. Kapitel 6 führt in das Konzept der Gruppierung und Aggregation ein, um aus vielen tausenden Einzeldatensätze einige wenige zusammengefasste Datensätze zu erzeugen. In Kapitel 7 werden wir Ergebnisse als Grundlage für weitere Abfragen verwenden, sog. Unterabfragen. Kapitel 8 stellt Mengenoperationen vor. Mit diesen können Schnitt-, Differenz- und Vereinigungsmengen erzeugt werden. Kapitel 9 stellt noch weitere kleinere Funktionalitäten dar.

Sie sollte sich zunächst eine entsprechende Datenbankumgebung gestalten. Dazu können Sie der Installationsanleitung auf meiner Homepage folgen. Diese finden Sie unter der Rubrik Informationen -> Installation Schulungsumgebung. Dort ist von dem Download der Software über die Installation bis hin zur Konfiguration alles beschrieben.

Jetzt können Sie loslegen und direkt in die Welt der Datenbanken und der SQL abtauchen. Ich wünsche Ihnen dabei viel Spaß und Erfolg!

Ihr Fabian Gaußling

1 Einführung in Datenbanksysteme

Was ist eine Datenbank?

Fast jeder kennt Excel und hat damit in seinem Leben schon einmal gearbeitet. In Excel gibt es Arbeitsblätter, die aus vielen Zellen bestehen, in die man verschiedene Werte (Zahlen, Text, Datümer, ...) eintragen kann. Diese Zellen sind in Spalten und Zeilen organisiert.

Wenn man sich jetzt in Excel eine einfache Adressverwaltung aufbauen möchte, würde man vermutlich in verschiedene Spalten diverse Daten schreiben, z.B.:

- Vorname
- Nachname
- Straße
- PLZ
- Ort

In die Zeilen würden die Daten einer Adresse geschrieben werden. Das Ganze könnte in etwa folgendermaßen aussehen:

Vorname	Nachname	Straße	PLZ	Ort
Hugo	Schmidt	Sylter Weg 15	24145	Kiel
Bert	Meier	Schanzenstraße 1	20357	Hamburg
Egon	Müller	Exerzierplatz 3	24103	Kiel
Ivonne	Müller	Oldendorfer Weg 22	25524	Itzehoe

Damit haben wir eine Adresstabelle erstellt. Im Bereich der Datenbanken gibt es auch Tabellen, sog. **Datenbanktabellen**. Jede Tabelle besteht aus mehreren **Spalten**, die verschiedene Daten speichern. Die Zeilen heißen in Datenbankterminologie Datensätze. Ein **Datensatz** beinhaltet alle Spalten, die zusammen gehören. Im obigen Beispiel also alle Spalten zu einer Adresse. In Tabellen werden je nach Anwendungszweck unterschiedlichste Daten gespeichert.

In der Praxis benötigt man dann auch in der Regel mehr als eine Tabelle (in Excel ja auch), z.B. eine für Kunden, eine für verkaufte Produkte und eine für die Rechnungen. Alle drei Tabellen zusammen werden vielleicht benötigt, um die Auftragsabrechnung eines Pizzalieferdienstes durchzuführen, aber sie beinhalten unterschiedliche Daten. Wenn man mehrere Tabellen zusammenfasst, spricht man von einer **Datenbank**. Diverse Datenbanken für unterschiedliche Anwendungsgebiete werden dann in einem **Datenbankmanagementsystem (DBMS)** verwaltet. Bekannte Vertreter sind hier z.B. Oracle, Microsoft SQL Server, IBM DB2.

Um die Daten in den Tabellen auslesen zu können, gibt es eine sogenannte Abfragesprache. Mit Hilfe diese Sprache kann man der Datenbank mitteilen, welche Datensätze man benötigt. Im Falle der Adresse möchte man vielleicht nur die Adresse von Hugo Schmidt wissen, um ihm eine Rechnung zu schreiben. Das kann man dann mit Hilfe der **Structured Query Language (SQL)** machen. Ein einfaches Beispiel sähe so aus:

```
SELECT *
FROM TBL_ADRESSEN
WHERE Nachname='Schmidt'
```

Dadurch würde man alle Spalten der Datensätze, bei denen der Nachname ‚Schmidt' ist zurück geliefert bekommen. Der Vorteil einer solchen Sprache ergibt sich vor allem bei Tabellen mit mehreren Millionen Datensätzen oder wenn man mehrere Tabellen zusammen abfragt (dazu in späteren Kapiteln mehr). Damit haben wir in diesem Kurs unser allererstes SQL verwendet. Viele weitere werden noch folgen. ;)

Neben SQL als Abfragesprache gibt es noch die **Data Definition Language (DDL)** und die **Data Manipulation Language (DML)**. Mit Hilfe der DDL wird die Struktur der Datenbank erstellt, d.h. die Tabellen und ihre Strukturen. Darüber hinaus gibt es noch zahlreiche weitere Objekte in einer Datenbank (Views, Indizes, …), auf die in diesem Kurs aber nur am Rande eingegangen werden kann. Die DML dient dazu, die Tabellen mit Daten zu füllen bzw. diese zu ändern oder zu löschen.

Beziehungen zwischen Tabellen

In den meisten Datenbanken gibt es diverse Tabellen, um die Daten zu strukturieren und Redundanzen zu vermeiden (siehe auch Kapitel über Normalisierung).

Die verschiedenen Tabellen stehen dabei in **Beziehung** zueinander. Wenn man z.B. die Kunden in einer Tabelle hat und die Bestellungen in einer anderen, dann würde man in der Bestellungen-Tabelle nur noch die Kunden-Nr. ablegen und nicht die gesamten Informationen zu einem Kunden. Dadurch dass man diese Kunden-Nr. auch in der Kunden-Tabelle hat, kann man beide Tabellen in Beziehung setzen. Alle Daten zu einem Kunden (z.B. seine Adresse und Telefon-Nr.) werden nur in der Kunden-Tabelle gepflegt und nicht mehrfach in der Datenbank abgelegt. Mittels SQL kann man dann z.B. ermitteln, wie viele Bestellungen ich mit Kunden aus eine bestimmten Ort gemacht habe, einfach indem man die Kunden-Tabelle (mit dem Wohnort) und die Bestellungs-Tabelle miteinander verknüpft. Wenn sich jetzt die Adresse ändert, muss diese nur an einer einzigen Stelle angepasst werden.

In einem **ER-Modell** (ER = Entity Relationship) werden die Tabellen mit ihren Spalten und Beziehungen untereinander dargestellt. Ein solches Modell sieht z.B. wie folgende aus:

Abb.1: Einfaches ER – Modell

Die Beziehungen oder Verknüpfungen zwischen Tabellen erfolgen über sog. Schlüssel. Man unterscheidet dabei zwischen Primär- und Fremd-Schlüsseln. **Primärschlüssel** identifizieren einen Datensatz einer Tabelle eindeutig. Im Falle der Kunden-Tabelle wäre das z.B. die Kunden-Nr. Dort sieht man in der Abbildung auch ein „P", was den Primärschlüssel kennzeichnet. Ein **Fremdschlüssel** stellt einen Verweis auf den Primärschlüssel einer anderen Tabelle dar (gekennzeichnet durch „F" in der obigen Abbildung), d.h. welcher Datensatz aus der anderen Tabelle mit dem der aktuellen verknüpft wird. Oder in unserem Beispiel: Welcher Kunden-Datensatz (Primär-Schlüssel) mit welcher Bestellung verknüpft (über den Fremd-Schlüssel) wird. Beziehungen werden also immer über die Kombination eines Fremd-Schlüssels mit einem Primär-Schlüssel definiert.

Je nachdem wie die Verhältnisse zwischen den Tabellen sind, unterscheidet man verschiedene Arten von Beziehungen:

1. 1:1 – Beziehung
2. 1:n – Beziehung
3. N:m – Beziehung
4. Rekursive Beziehungen

Bei der **1:1 Beziehung** existiert genau ein Datensatz in der Fremd-Tabelle zu jedem Datensatz in der Haupt-Tabelle und umgekehrt. Bei der **1:n Beziehung** existiert zu jedem Datensatz in der Fremd-Tabelle 1 bis n Datensätze in der Haupttabelle. Und zu jedem Datensatz in der Haupttabelle existiert genau 1 Datensatz in der Fremdtabelle. Diesen Fall trifft man in der Praxis am häufigsten an. In unserem Beispiel existiert eine 1:n Beziehung zwischen Kunden und Bestellungen. Jeder Kunde kann mehrfach in den Bestellungen auftauchen. Zu jeder Bestellung existiert genau 1 Kunde. **N:m Beziehung**en bedeuten dann, dass zu jedem Datensatz in der einen Tabelle n Datensätze in der anderen Tabelle gehören. In relationalen Datenbanken kann dieser Umstand nur durch eine Zwischentabelle modelliert werden.

Man kann in den meisten DBMS einstellen, dass die **referentielle Integrität** vom System sichergestellt wird. Das bedeutet, dass zu einem Fremdschlüssel immer der entsprechende Datensatz in der referenzierten Tabelle existieren muss. Es wäre dann z.B. nicht möglich diesen Datensatz in der Fremd-Tabelle zu löschen, solange auf diesen in irgendeinem anderen Datensatz referenziert wird. Wenn man natürlich alle diese Datensätze zuerst löscht, dann kann auch der Satz in der Fremdtabelle gelöscht werden. Umgekehrt gilt das Gleiche. Man müsste erst diesen Satz in der Fremdtabelle erzeugen, damit man von anderen Tabellen auf diesen Datensatz referenzieren kann.

Um die referentielle Integrität vom DBMS ständig prüfen zu lassen, muss man sog. **Foreign Key Constraints** einrichten. Das ist nichts anderes als die Definition der Fremd-Schlüssel-Beziehung zwischen zwei Tabellen auf Datenbank Ebene. Es gibt noch sog. **Check-Constraints**. Mit diesen kann sichergestellt werden, dass nur bestimmte Werte in bestimmte Spalten eingegeben werden können. Z.B. nur die Anreden ‚Herr' und ‚Frau' in die Spalte Anrede.

Normalformen

Damit Daten einfach und korrekt ausgewertet werden können, sollten diese immer folgende Eigenschaften haben:

- redundanzfrei
- eindeutig

- in sich konsistent

Um diese Eigenschaften der Daten dauerhaft sicherzustellen, gibt es bestimmte Regeln, die in Datenmodellen eingehalten werden sollen. Das sind die sog. *Normalformen*. Es gibt 5 Normalformen, die jeweils bestimmte Redundanzen, die in den Daten durch das Datenmodell entstehen können, beseitigen. In der Praxis sind vor allem die ersten drei Normalformen relevant. Diese werden im Folgenden detailliert beschrieben.

Als Beispiel dient uns folgende Tabelle mit Kontakt-Informationen:

```
                    TBL_KUNDE
┌──────────────────────────────────────────────┐
│  * KUNDE_NR           NUMBER                   │
│    NAME               VARCHAR2 (20 CHAR)       │
│    ADRESSE            VARCHAR2 (20 CHAR)       │
│    GESCHLECHT         VARCHAR2 (1 CHAR)        │
│    ANREDE             VARCHAR2 (10)            │
│    TELEFONNUMMERN     VARCHAR2 (100)           │
└──────────────────────────────────────────────┘
```

Abb.2: Bsp. Kundendaten - Ausgangslage

Eine Tabelle befindet sich in der *1. Normalform*, wenn es keine Wiederholungsgruppen innerhalb der Tabelle gibt und jedes Attribut atomar (nicht in weitere Attribute aufteilbar) ist.

Auf unser Beispiel angewendet bedeutet das, dass es z.B. kein Attribut „Adresse" geben kann, da dieses in Strasse, PLZ und Ort aufgeteilt werden kann (Atomarität). Wenn es dann noch mehrere Telefonnummern zu einem Kontakt geben kann, dann dürfen diese nicht in einem Feld Telefonnummer gespeichert werden (Wiederholungsgruppe) und auch nicht in Feldern Telefonnummer1 … TelefonnummerX (Wiederholungsgruppe), sondern es könnte ein Attribut TELEFONNUMMER ergänzt werden und dieses ist Teil des Schlüssels (Zusammengesetzt aus KUNDE_NR und TELEFONNUMMER).

```
                    TBL_KUNDE
┌──────────────────────────────────────────────┐
│ P * KUNDE_NR          NUMBER                   │
│     VORNAME           VARCHAR2 (20 CHAR)       │
│     NACHNAME          VARCHAR2 (20 CHAR)       │
│     STRASSE           VARCHAR2 (20 CHAR)       │
│     PLZ               VARCHAR2 (5 CHAR)        │
│     ORT               VARCHAR2 (25 CHAR)       │
│     GESCHLECHT        VARCHAR2 (1 CHAR)        │
│     ANREDE            VARCHAR2 (10)            │
│ P * TELEFONNUMMER     VARCHAR2 (100)           │
├──────────────────────────────────────────────┤
│ ⚷ TBL_KUNDE_PK (KUNDE_NR, TELEFONNUMMER)      │
└──────────────────────────────────────────────┘
```

Abb.3: Bsp. Kundendaten – 1. Normalform

Durch Sicherstellung der 1. NF werden Daten überhaupt erst auswertbar. Wenn man z.B. die Adresse komplett in einem Attribut ablegt, wäre es schwierig bis unmöglich z.B. nach Ort zu sortieren und zu filtern.

Die **2. Normalform** ist gegeben, wenn die Tabelle in 1. NF vorliegt und jedes Nicht-Schlüsselfeld vom gesamten Schlüssel abhängt und nicht nur von Teilen des Schlüssels. Dadurch ist sichergestellt, dass nur zusammengehörige Daten in einer Tabelle vorliegen. Außerdem werden Inkonsistenten vermieden, da Attribute nur einmalig vorkommen können.

Für unser Beispiel bedeutet das, dass NAME, STRASSE, ORT, GESCHLECHT und ANREDE nur von der KUNDE_NR abhängen, jedoch nicht von der TELEFONNUMMER. Bei Anlage mehrere Telefonnummern zu einem Kontakt, würden die Kontakt-Informationen redundant in der Tabelle vorkommen, was 1. Speicherplatz verbraucht (heute nicht mehr das große Problem) und 2. Zu Inkonsistenzen führen kann. Man würde jetzt eine zusätzliche Tabelle mit den Telefonnummern erstellen.

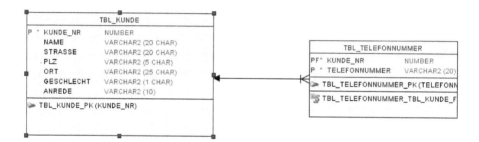

Abb.4: Bsp. Kundendaten – 2. Normalform

Zur Einhaltung der **3. Normalform**, muss eine Tabelle in 2. NF vorliegen und Nicht-Schlüsselfelder dürfen nicht von anderen Nicht-Schlüsselfeldern abhängen. Durch die 3.NF werden weitere Redundanzen vermieden.

Das würde in unserem Beispiel bedeuten, dass man die Felder Ort und Anrede auslagern würde, weil der Ort von der PLZ abhängig ist und die Anrede vom Geschlecht. Auch dieses dient der Minimierung von Redundanzen, da diese zu Inkonsistenzen führen können

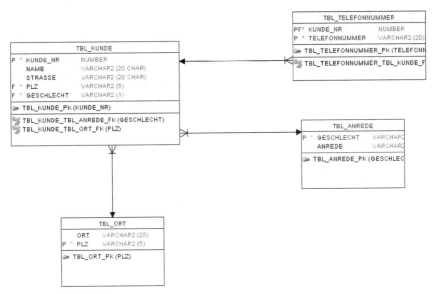

Abb.5: Bsp. Kundendaten – 3. Normalform

Durch die Normalisierung erhöht sich die Anzahl der Tabelle in einem Datenmodell. Das führt u.U. dazu, dass Abfragen länger laufen, da die Tabellen miteinander verknüpft werden müssen. Wenn die Antwortzeiten zu lang werden, kann man Datenmodelle auch wieder **denormalisieren**. Dieses ist z.B. in Datawarehouse Umgebungen der Normalfall. Dort liegen die Tabellen im sog. Star-Schema vor.

Datenbanktransaktionen

Wenn Daten in Tabellen eingefügt oder verändert werden, muss sichergestellt werden, dass der Datenbestand hinterher auch noch in einer konsistenten Form vorliegt. Dazu existiert ein Paradigma im Datenbankbereich, welches **ACID** heißt:

- **A**tomicity
- **C**onsistancy
- **I**solation
- **D**urability

Dieses bedeutet, dass Datenänderungen so durchgeführt werden, dass sie **atomar** ausgeführt werden, d.h. dass ein Satz von Operationen ganz oder gar nicht ausgeführt wird. Weiterhin muss gewährleistet sein, dass nach der Ausführung, der Datenbestand weiterhin in sich **konsistent** ist (so lange er es vorher auch schon war). Die Änderungen sollen **isoliert** durchgeführt werden, so dass sich verschiedene Operationen nicht gegenseitig beeinfluss (z.B. gleichzeitiges löschen und lesen eines Datensatzes). Die geänderten Daten müssen **dauerhaft** gespeichert werden zum Abschluss.

Damit all dieses sichergestellt ist, gibt es sogenannte **Transaktionen** in modernen DBMS. Eine Transaktion stellt eine Klammer um eine oder mehrere DML (Insert, Update, Delete) – Anweisungen dar und wir als Block behandelt. Erst wenn alle Einzelanweisungen erfolgreich durchgeführt werden, wird das Ergebnis physisch festgeschrieben. Am Ende einer Transaktion kann diese entweder festgeschrieben werden mittels **COMMIT** oder zurückabgewickelt werden mittels **ROLLBACK**. Die Datenänderungen werden erst nach erfolgtem COMMIT sichtbar.

Aufgaben

1. Bringen Sie folgende Datenstruktur in die 3.NF. Es werden nun die Spalten aufgelistet:

Land	ISO Code	Bundes-land	Stadt	Filiale	Mitarbeiter	Kontaktdaten
Deutschland	DEU	Hamburg	Hamburg	Spitaler Straße	Hr. Schmidt Fr. Müller Hr. Meyer …..	Tel: 040-1234 Fax.: 040-1235 eMai: Hamburg@Firma.de
Dänemark	DEN	n/a	Kopenhagen	….	Fr. Sörensen …..	…
….						

2   Vorstellung der Testdatenbank

Dieses Kapitel basiert auf den datenbanktheoretischen Grundlagen des Kapitel 1 und stellt die im Kurs verwendete Testdatenbank vor. Weiterhin soll grob skizziert werden, wie man in der Praxis von den Fachbereichsanforderungen hin zu einem Datenbankmodell kommt.

Fachliche Rahmenbedingungen

Die Schmidt-Imbissgruppe möchte ihre Kunden und Bestellungen in Zukunft in einer zentralen Datenbank erfassen, um die Daten vernünftig auswertbar zu machen. Derzeit hat die Firma 4 Filialen in *Hamburg, Kiel, Lübeck und Flensburg*. Es werden verschiedene Produkte verkauft, die sich zu Produktgruppen bündeln lassen. Dieser Fakt soll auch unbedingt abgebildet werden, damit bei steigender Produktzahl in Zukunft der Überblick nicht verloren geht. Jedes Produkt hat derzeit einen Preis.

Die Kunden können sich ihre Bestellung entweder selbst direkt in der Filiale abholen oder sich beliefern lassen. Dazu hat die Schmidt-Imbisgruppe derzeit *5 Fahrer, 2 Köche und 3 Verkäufer*, die die Bestellungen annehmen und bearbeiten. Die Mitarbeiter erhalten ein *monatliches Grundgehalt* und darüber hinaus eine *Provision*, die sich bei den Fahrern anhand der ausgelieferten Produkte bemisst. Bei den Verkäufern anhand der Bestellungen. Die Köche beziehen derzeit ausschließlich ein Festgehalt.

Weiterhin sollen folgende Attribute bei den Kunden auswertbar sein:
- *PLZ und ORT*
- *Geschlecht*
- *Geburtsdatum*

Ein Kunde kann darüber hinaus *mehrere Bestellungen* aufgeben. Jede dieser *Bestellung wird von einem Verkäufer bearbeitet*.

Ableitung logisches Modell

Daraus lässt sich ein einfaches logisches Modell ableiten. Dazu kann man in einem ersten Schritt die fachlichen Substantive kennzeichnen (blau unterstrichen). Dieses sind die Kandidaten für fachliche Objekte, z.B. Kunden, Bestellungen, etc. Diese besitzen Attribute (Kunden-Nr, Vorname, Nachname, Bestelldatum, ...) und stehen in Beziehung zu anderen Objekten. Im Folgenden eine Darstellung nur mit der fachlichen Objekte aus obigem Text:

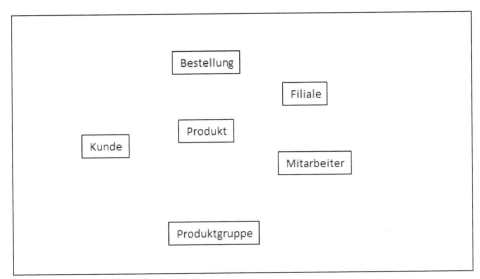

Abb.6: Logisches Modell – 1. Schritt

In dem Text mit der fachlichen Beschreibung wurden weitere interessante Fakten rot-braun unterstrichen und kursiv dargestellt. Das können Verben sein, wer macht was womit? Eigenschaften bestimmter Objekte, z.B. Es scheint Köche, Verkäufe und Fahrer zu geben. Das sind alles Mitarbeiter, jedoch üben sie eine unterschiedliche Funktion aus. Man könnte jetzt entweder einzelne Objekte für jeden Mitarbeiter-Typ einführen oder eben ein Attribut Typ an dem Objekt Mitarbeiter, welches dieses Merkmal genauer beschreibt.

In der Praxis wird man oft vor der Frage stehen, ob man bestimmte Dinge als eigenes Objekt modelliert oder eben nur als Eigenschaft an einem Objekt. Dabei spielt es sicherlich eine Rolle, ob sich mehrere Attribute unter einem neuen Objekt bündeln lassen. Die goldene Mitte ist in der Regel die beste Variante, d.h. nicht zu viele eigenständige Objekte erstellen, aber auch nicht alles in ein Objekt (Stichwort: Normalisierung).

Wenn wir nun die uns bekannten Beziehungen im logischen Modell ergänzen erweitert sich unser Modell wie folgt:

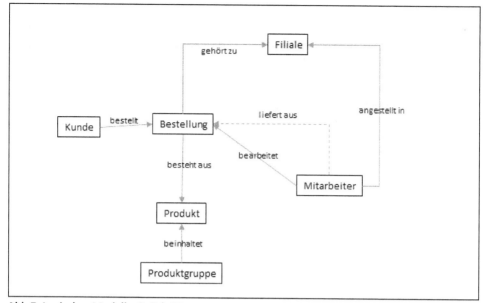

Abb.7: Logisches Modell – 2. Schritt

Das Modell näher sich langsam einem ER Modell. Jetzt kann man noch Kardinalitäten an die Pfeile zwischen den Objekten anfügen und Attribute zuordnen. Man wird merken, dass dabei dann viele Fragen hoch kommen. Diese müssen dann mit dem Fachbereich geklärt werden und das Modell entsprechend angepasst werden.

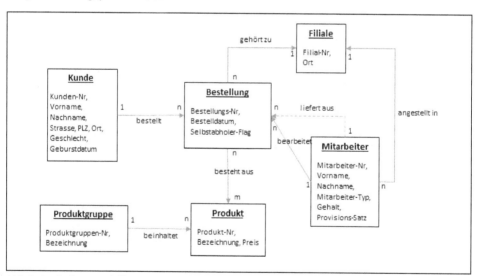

Abb.8: Logisches Modell – Finale Version mit offenen Fragen

Wie man sieht, habe ich jetzt Attribute ergänzt an den Objekten. Manche Attribute werden einem automatisch in den Sinn kommen, z.B. das man eine Kunden-Nr., Vorname, Nachname und Lieferadresse benötigt beim Kunden. Andere Attribute wurden explizit benannt in der fachlichen Beschreibung.

Bei den Beziehungen und Kardinalitäten ebenso. Dass ein Kunde mehrmals bestellen kann und dass eine Produktgruppe mehrere Produkte beinhaltet, wurde explizit erwähnt. Ebenso, dass die Bestellung von einem Mitarbeiter bearbeitet wird, diesem also zugeordnet ist. Die zweite Beziehung zwischen Mitarbeiter und Bestellung wurde von mir hinzugefügt, um zu definieren, von welchem Fahrer die Bestellung ausgeliefert wurde. Da dieses eine Kann-Beziehung ist, wurde sie gestrichelt dargestellt.

Über die Beziehung zwischen Produkt und Bestellung wurde nichts erwähnt. Nachfragen beim Fachbereich ergab, dass jede Bestellung mehrere Produkte beinhalten kann und jedes Produkt auch mehrmals. Jedes Produkt seinerseits kann natürlich auch mehreren Bestellungen zugeordnet werden. Somit führt dieses alles zu einer n:m Beziehung zwischen Bestellung und Produkt mit einem Attribut an der Beziehung, nämlich Anzahl.

Ableitung relationales Datenbankmodell

Der nächste Schritt wäre dann der, aus diesem logischen Modell ein relationales Datenbankmodell zu erstellen. Dazu können viele Informationen übernommen werden. Die n:m Beziehung muss über eine Zwischentabelle (TBL_BESTELLUNG_POS) aufgelöst werden, da n:m Beziehungen in relationalen Datenbanken nicht direkt dargestellt werden können.

Aus den restlichen Beziehungen und Kardinalitäten ergeben sich dann die Fremdschlüssel-Beziehungen im relationalen DB Modell:

- Ein Kunde kann mehrmals bestellen. Jede Bestellung hat genau ein Kunde.
- Eine Bestellung hat mehrere Positionen. Jede Position gehört zu genau einer Bestellung
- Jede Position hat genau ein Produkt. Jedes Produkt kann in mehreren Positionen vorkommen
- Jede Produktgruppe beinhaltet mehrere Produkte. Jedes Produkt ist genau einer Produktgruppe zugeordnet
- Jede Bestellung wird von genau einem Mitarbeiter bearbeitet. Jeder Mitarbeiter bearbeitet mehrere Bestellungen.
- Jede Bestellung kann von einem Fahrer ausgeliefert werden. Jeder Fahrer kann mehrere Bestellungen ausliefern.
- Jeder Mitarbeiter ist genau einer Filiale zugeordnet. Jede Filiale hat mehrere Mitarbeiter
- Jede Bestellung ist genau einer Filiale zugeordnet. Jede Filiale hat mehrere Bestellungen.

Auf der nächsten Seite ist dann das finale Datenbank Modell dargestellt.

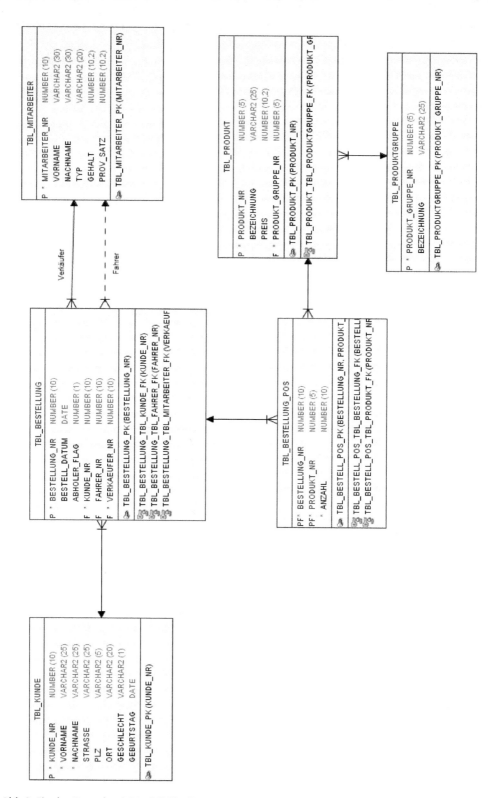

Abb.9: Finales Datenbank Modell für diesen Kurs

3 Tabellen anlegen (DDL) und befüllen (DML)

In diesem Kapitel lernen wir, wie man mit Hilfe der DDL Tabellen erstellen, löschen und Struktur-Änderungen daran vornehmen kann. Außerdem beschäftigen wir uns danach mit der DML, um die Tabellen mit Daten zu füllen bzw. diese zu löschen oder zu ändern.

Tabellen erstellen und löschen

Die Tabellenerstellung wird mit Hilfe des CREATE TABLE Statements durchgeführt. Die Struktur für TBL_KUNDE kann man z.B. mit dem folgenden Statement erzeugen:

```
CREATE TABLE TBL_KUNDE(
        KUNDE_NR   NUMBER(10,0) NOT NULL,
        VORNAME   VARCHAR2(25) NOT NULL,
        NACHNAME   VARCHAR2(25) NOT NULL,
        STRASSE VARCHAR2(50),
        PLZ   VARCHAR2(5),
        ORT   VARCHAR2(20),
        GESCHLECHT VARCHAR2(1) CHECK (GESCHLECHT IN('M', 'F', 'm', 'f')),
        GEBURTSTAG DATE DEFAULT TO_DATE('01.01.1900' ,'DD.MM.YYYY')
);
```

Es werden sämtliche Spalten durch Kommata getrennt aufgelistet. Jede Spalte muss mindestens einen Namen und einen Datentyp haben. Oracle bietet diverse Datentypen an. Eine vollständige Liste findet man unter: http://docs.oracle.com/cd/B28359_01/server.111/b28286/sql_elements001.htm#SQLRF50951

Für die Beispiele in diesem Buch verwenden wir die folgenden Datentypen. Diese sind auch in der Praxis weit verbreitet:
- **NUMBER ([Stellen Gesamt][, Nachkommastellen])** für Zahlen
- **VARCHAR2 (Max. Anzahl Zeichen)** für Texte
- **DATE** für Datum/Uhrzeit

Die Anzahl der gesamten Stellen und Nachkommastellen bei NUMBER Spalten kann mit angegeben werden, muss aber nicht. Bei VARCHAR2 Feldern ist die Angabe der maximalen Anzahl Zeichen obligatorisch.

Man kann Standardwerte mittels **DEFAULT** an jeder Spalte hinterlegen. In unserem Beispiel haben wir das bei dem Geburtstag gemacht. Wenn z.B. beim Einfügen neuer Datensätze kein Geburtstag angegeben ist, dann wird der hinterlegte Standardwert verwendet.

Ebenfalls ist es möglich sog. **CHECK Constraint**s an jeder Spalte zu hinterlegen. Dieses sind Prüfungen auf bestimmte Bedingungen. Falls diese nicht erfüllt sind, kann der Datensatz nicht eingefügt oder geändert werden. Wir haben z.B. den **NOT NULL** Constraint an den Spalten KUNDE_NR, VORNAME und NACHNAME hinterlegt. Damit müssen beim Einfügen oder Ändern von Datensätzen Werte für diese drei Spalten übergeben werden. Bei den anderen Feldern kann man die Spalten auch leer lassen. Bei der Spalte Geschlecht haben wir einen **CHECK (Bedingung)** Contraint hinterlegt. Dadurch können in diesem Beispiel z.B. nur die Werte M, F, m, f in die Spalte Geschlecht eingefügt werden.

Bedingungen können beliebige Ausdrücke sein, wie sie auch in der WHERE Bedingung eines SQL Statements vorkommen können. Dieses wird im Detail ein Thema das vierten Kapitels sein.

Falls wir uns verschrieben haben und die soeben erzeugte Tabelle umbenennen wollen, geben wir folgendes Statement ein:

```
RENAME TBL_KUNDE TO TBL_KUNDE2;
```

Um die soeben angelegte Tabelle wieder zu löschen, benötigen wir folgendes Statement:

```
DROP TABLE TBL_KUNDE2;
```

Übung 1: Bitte erstellen Sie die Tabelle TBL_MITARBEITER gemäß Datenmodell, allerdings ohne Primary Keys und Foreign Keys.

Fremdschlüsselbeziehungen mittels Contstraints erstellen

Im Kapitel 1 wurden Beziehungen zwischen Tabellen erläutert und die referentielle Integrität, die durch die Datenbank mittels Foreign Key Constraints sichergestellt werden kann. In diesem Abschnitt wollen wir nun unser Datenmodell mit entsprechenden Constraints ausstatten. Das machen wir am Beispiel der Tabellen TBL_PRODUKT und TBL_PRODUKTGRUPPE. Zwischen beiden Tabellen ist lt. Datenmodell (Kapitel 2) eine Beziehung über die Spalten PRODUKTGRUPPE_NR definiert.

Damit man den Foreign Key Constraint anlegen kann, muss die referenzierte Tabelle einen definierten Primary Key haben. Außerdem muss diese Tabelle bereits existieren. Im Folgenden erstellen wir zunächst die Tabelle TBL_PRODUKTGRUPPE mit dem entsprechenden PRIMARY KEY:

```
CREATE TABLE TBL_PRODUKTGRUPPE(
        PRODUKT_GRUPPE_NR  NUMBER(5,0) NOT NULL,
        BEZEICHNUNG  VARCHAR2(25),
        CONSTRAINT PK_PRODGRUPPE PRIMARY KEY (PRODUKT_GRUPPE_NR)
);
```

Da jede Produktgruppe eine Nummer haben muss, damit sie von den Produkten referenziert werden kann, haben wir auf der Spalte einen CHECK NOT NULL Constraint definiert. Der PK wird dann mittels **CONSTRAINT ... PRIMARY KEY** Klausel erstellt. Der Constraint benötigt einen Namen, in unserem Fall PK_PRODGRUPPE. Durch den Primary Key wird automatisch geprüft, dass jede Zeile einen eindeutigen Wert in der Spalte PRODUKTGRUPPE_NR haben muss. Das ist wichtig, damit aus der Produkt-Tabelle heraus eine eindeutige Verknüpfung zur Produktgruppe hergestellt werden kann. Das DBMS prüft jetzt bei jeder neuen Produktgruppe, dass die Nummer eindeutig ist und liefert sonst ggf. entsprechende Fehlermeldungen zurück.

Jetzt können wir die Tabelle TBL_PRODUKT erstellen und dort den Fremdschlüssel definieren und auf die Tabelle TBL_PRODUKGRUPPE Verweisen:

```
CREATE TABLE TBL_PRODUKT(
        PRODUKT_NR  NUMBER(5, 0) NOT NULL,
```

```
    BEZEICHNUNG  VARCHAR2(25),
    PREIS  NUMBER(10,2),
    PRODUKT_GRUPPE_NR  NUMBER(5, 0) NOT NULL,
    CONSTRAINT PK_PRODUKT PRIMARY KEY (PRODUKT_NR),
    CONSTRAINT FK_PROD_PROD_GRUPPE FOREIGN KEY (PRODUKT_GRUPPE_NR)
    REFERENCES TBL_PRODUKTGRUPPE(PRODUKT_GRUPPE_NR)
);
```

Auch in dieser Tabelle haben wir schon einmal den Primary Key definiert, CHECK NOT NULL Constraints auf den Spalten PRODUKT_NR und PRODUKGRUPPE_NR. Der Foreign Key wird mittels CONSTRAINT ... FOREIGN KEY definiert. Mittels REFERENCES wird dann die Verknüpfung zur Tabelle TBL_PRODUKTGRUPPE sichergestellt.

Wir prüfen, ob die Fremdschlüsselbeziehung funktioniert, indem wir versuchen einen Datensatz einzufügen:

```
INSERT INTO TBL_PRODUKT VALUES(1, 'Rumpsteak', 20.95, 1);
COMMIT;
```

Wir erhalten folgende Fehlermeldung:

```
Skriptausgabe ×
          Task abgeschlossen in 0,015 Sekunden
Fehler beim Start in Zeile : 1 in Befehl -
INSERT INTO TBL_PRODUKT VALUES(1, 'Rumpsteak', 20.95, 1)
Fehlerbericht -
SQL-Fehler: ORA-02291: integrity constraint (TEST.FK_PROD_PROD_GRUPPE) violated - parent key not found
02291. 00000 - "integrity constraint (%s.%s) violated - parent key not found"
*Cause:    A foreign key value has no matching primary key value.
*Action:   Delete the foreign key or add a matching primary key.
```

Abb.10: Fehlermeldung verletzter FK Constraint

Das Problem ist, dass es noch keinen Datensatz in der Produktgruppe gibt. Somit kann die referentielle Integrität nicht sichergestellt werden und der Datensatz wird abgelehnt. Wir passen das obige Beispiel dahingehend an, dass wir zunächst eine Produktgruppe anlegen und dann versuchen, das Rumpsteak nochmals in die Produkt-Tabelle einzufügen:

```
INSERT INTO TBL_PRODUKTGRUPPE VALUES(1, 'Fleischgerichte');
COMMIT;

INSERT INTO TBL_PRODUKT VALUES(1, 'Rumpsteak', 20.95, 1);
COMMIT;
```

Dieses Mal hat alles fehlerfrei funktioniert und wir erhalten die Meldung, dass der Datensatz erfolgreich eingefügt und festgeschrieben wurde.

Manchmal ist es einfacher, wenn man für kurze Zeit die Constraints deaktiviert, um dann umfangreiche Datenmanipulationen durchzuführen. Danach kann man die Constraints wieder aktivieren. Dabei wird dann für alle Datensätze geprüft, ob sie die Constraint-Bedingung erfüllen.

Allerdings kann es dabei natürlich zu Problemen kommen, die nur sehr kompliziert zu beseitigen sind. Die Syntax, um einen Constraint zu deaktivieren ist:

```
ALTER TABLE TBL_PRODUKT DISABLE CONSTRAINT FK_PROD_PROD_GRUPPE;
```

Um ihn wieder zu aktivieren:

```
ALTER TABLE TBL_PRODUKT ENABLE CONSTRAINT FK_PROD_PROD_GRUPPE;
```

Übung 2: Erstellen Sie die Tabelle TBL_BESTELLUNG gemäß Datenmodell inkl. Primary Key und erstellen Sie den Foreign Key Constraint zur Tabelle TBL_KUNDE. Dazu löschen Sie TBL_KUNDE zunächst und legen die Tabelle neu an inklusive Primary Key.

Tabellenstruktur im Nachhinein ändern

Es ist auch möglich die Tabellenstruktur im Nachhinein zu ändern, d.h. Spalten oder Constraints hinzuzufügen oder zu ändern. Dazu wird generell das ALTER TABLE Statement verwendet mit verschiedenen Optionen:

ALTER TABLE Option	Beschreibung
ADD CONSTRAINT ... PRIMARY KEY (...)	Ergänzt einen PRIMARY KEY Constraint auf der Tabelle.
ADD CONSTRAINT ... FOREIGN KEY (...) REFERENCES ...	Ergänzt einen FOREIGN KEY Constraint auf der Tabelle.
ADD CONSTRAINT CHECK ...	Ergänzt einen CHECK Constraint auf der Tabelle.
ADD (col1def, col2def, ...)	Fügt eine oder mehrere Spalten zu der Tabelle hinzu. Col1def, col2def entspricht der Syntax der Spalten-Defs im CREATE TABLE Statement.
MODIFY (col1def, col2def, ...)	Ändert eine oder mehrere Spalten in der Tabelle. Col1def, col2def entspricht der Syntax der Spalten-Defs im CREATE TABLE Statement.
DROP (col1name, col2name, ...)	Löscht die Spalten mit den Namen col1name, col2name, ... aus der Tabelle.
DROP CONSTRAINT const_name	Entfernt den Constraint const_name von der Tabelle.

Tab.1: ALTER TABLE Optionen

Wenn wir z.B. eine Spalte zur Tabelle TBL_KUNDE hinzufügen wollen, sieht das Statement dazu folgendermaßen aus:

```
ALTER TABLE TBL_KUNDE ADD (TEST VARCHAR2(10) DEFAULT 'n/a' NOT NULL);
```

Wenn wir jetzt gemerkt haben, dass die Spalte vom Typ NUMBER sein soll, dann können wir sie mit MODIFY ändern:

```
ALTER TABLE TBL_KUNDE MODIFY (TEST NUMBER DEFAULT -1);
```

Spalten im Nachhinein zu ändern, kann manchmal problematisch sein, nämlich dann, wenn sich bereits Daten in der Tabelle befinden. Wenn man die Daten erhalten möchte und trotzdem den Datentyp einer Spalte anpassen will/muss, dann kann man die Spalte zunächst ergänzen. Mittels Update die Werte von der alten Spalte in die neue umkopieren und dabei ggf. notwendige Umwandlungen vornehmen. Zum Schluss kann man dann die alte Spalte entfernen.

Die restlichen Änderungsmöglichkeiten können genauso einfach umgesetzt werden, wie die beiden dargestellten mit Hilfe der Grundsyntax ALTER TABLE <tab_name> <ALTER Option>.

Übung 3: Entfernen Sie zunächst die Spalte TEST aus der Tabelle TBL_KUNDE. Erweitern Sie dann die Tabelle TBL_KUNDE um die Spalte ERSTELLDATUM. Diese soll das Datum beinhalten, an dem der jeweilige Datensatz in die Tabelle eingefügt wurde. Das Ganze soll automatisch geschehen ohne das man es explizit angeben muss. Die dazu notwendige Funktion lautet sysdate.

Übung 4: Ergänzen Sie in der Tabelle TBL_MITARBEITER den Primary Key und Foreign Key in TBL_BESTELLUNG (Verkäufer).

Datensätze einfügen

Nachdem wir die Datenstrukturen angelegt haben, können wir entsprechende Daten in die Tabellen einfügen. Wir hatten bereits zur Veranschaulichung der Foreign Key Constraints zwei einfache INSERT INTO Statements kennen gelernt. Anhand des folgenden Beispiels möchte ich die detaillierte Syntax erklären:

```
INSERT INTO TBL_KUNDE
VALUES (1, 'Horst', 'Huber', 'Karolinenweg 11a', '20357', 'Hamburg', 'M', to_date('01.05.1947',
'DD.MM.YYYY'), null);

COMMIT;
```

Mit Hilfe des obigen Statements wird ein Datensatz in die Tabelle TBL_KUNDE eingefügt. Durch den zweiten Befehl **COMMIT** werden die Daten physisch festgeschrieben. Wenn man das COMMIT nicht mit angibt, können andere Benutzer diesen Datensatz nicht in der Tabelle sehen. Die einzufügenden Werte werden nach „VALUES (" angegeben und müssen der Reihenfolge der Spalten in der Tabelle entsprechen. Es müssen alle Spalten mit Werten gefüllt werden. Wenn man eine andere Reihenfolge benutzt oder nur bestimmte Spalten füllen will, kann man nach dem Tabellen Namen in Klammern die relevanten Spalten angeben:

```
INSERT INTO TBL_KUNDE (KUNDE_NR, VORNAME, NACHNAME)
VALUES (2, 'Erika', 'Schmidt');

INSERT INTO TBL_KUNDE (KUNDE_NR, VORNAME, NACHNAME)
VALUES (3, 'Bert', 'Müller');

COMMIT;
```

Dadurch werden zwei Datensätze eingefügt. Allerdings sind nur die notwendige Spalten gefüllt (NOT NULL Constraint). Danach werden beide Datensätze auf einmal festgeschrieben.

Ergebnis:

KUNDE_NR	VORNAME	NACHNAME	STRASSE	PLZ	ORT	GESCHLECHT	GEBURTSTAG	ERSTELLDATUM
1	2 Erika	Schmidt	(null)	(null)	(null)	(null)	01.01.00 00:00:00	23.08.17 12:04:15
2	3 Bert	Müller	(null)	(null)	(null)	(null)	01.01.00 00:00:00	23.08.17 12:04:15
3	1 Horst	Huber	Karolinenweg 11a	20357	Hamburg	M	01.05.47 00:00:00	(null)

Wenn wir uns das Ergebnis anschauen, sehen wir die drei Datensätze in der Tabelle. Den ersten haben wir für alle Spalten gefüllt. Ausser für's Erstelldatum, dort haben wir <null> angegeben (weil wir ja etwas angeben mussten). Bei den anderen beiden Datensätzen haben wir nur KUNDE_NR, VORNAME und NACHNAME befüllt. Die anderen Felder sind alle <null>. Bis auf ERSTELLDATUM. Für diese Spalte haben wir zwar auch keinen Wert übergeben, allerdings haben wir die Spalte so definiert, dass das Systemdatum eingefügt wird, wenn nichts angegeben wurde. Somit steht dort das Datum, an welchem der Datensatz eingefügt wurde (im Beispiel oben war das der 16.06.2014).

Datensätze ändern

Um Datensätze in Tabellen zu ändern, gibt es das UPDATE-Statement. Als Beispiel wollen wir die Spalten Strasse, PLZ, Ort für die Kunde mit der Kunden-Nr. 2+3 ergänzen:

```
UPDATE TBL_KUNDE
SET Strasse='Goethestrasse 5', PLZ='22512', Ort='Hamburg'
WHERE KUNDE_NR=2;

UPDATE TBL_KUNDE
SET Strasse='Schwedenweg 22', PLZ='22123', Ort='Hamburg'
WHERE KUNDE_NR=3;

COMMIT;
```

Nach dem SET Befehl werden den relevanten Spalten die neuen Werte zugewiesen. Man kann hier auch Berechnungen oder andere Spalten angeben. Mittels der WHERE Klause kann man definieren, welche Datensätze aktualisiert werden sollen. Detailliert behandeln werden wir die WHERE Klausel im Kapitel 4. Hier noch ein weiteres Beispiel für das UPDATE Statement:

```
ALTER TABLE TBL_PRODUKT ADD (PREIS_NEU NUMBER);

UPDATE TBL_PRODUKT
SET PREIS_NEU=PREIS*5;

COMMIT;

SELECT *
FROM TBL_PRODUKT;
```

Ergebnis:

PRODUKT_NR	BEZEICHNUNG	PREIS	PRODUKT_GRUPPE_NR	PREIS_NEU
1	1 Rumpsteak	20,95	1	104,75

Zunächst ergänzen wir eine neue Spalte. Die Spalte ist zunächst leer. Wir aktualisieren sie mit dem UPDATE Statement und berechnen PREIS_NEU, indem wir den Wert der PREIS Spalte verfünffachen. Dieses geschieht für jeden Datensatz der Produkt Tabelle, da keine Einschränkung mittels WHERE Klausel angegeben wurde.

Datensätze löschen

Um Datensätze zu löschen gibt es zwei Möglichkeiten. Die erste ist das DELETE Statement:

```
DELETE TBL_KUNDE
WHERE KUNDE_NR=2;

COMMIT;

SELECT *
FROM TBL_KUNDE
```

Ergebnis:

	KUNDE_NR	VORNAME	NACHNAME	STRASSE	PLZ	ORT	GESCHLECHT	GEBURTSTAG	ERSTELLDATUM
1	3	Bert	Müller	(null)	(null)	(null)	(null)	01.01.00 00:00:00	23.08.17 12:04:15
2	1	Horst	Huber	Karolinenweg 11a	20357	Hamburg	M	01.05.47 00:00:00	(null)

Es werden die Datensätze gelöscht, die die Kunden-Nr. haben. In unserem Beispiel trifft das auf genau einen Datensatz zu. Lässt man die WHERE-Klausel weg, werden alle Datensätze einer Tabelle gelöscht. Auch beim Löschen mittels DELETE muss ein COMMIT durchgeführt werden, damit die Änderung festgeschrieben wird. Falls man nun feststellt, dass man einen Fehler (z.B. in der WHERE Klausel) gemacht hat, kann man den Ursprungszustand herstellen mit Hilfe von ROLLBACK. ROLLBACK funktioniert allerdings nur so lange man noch nicht COMMIT durchgeführt hat.

Eine andere Möglichkeit alle Daten einer Tabelle zu löschen, stellt die TRUNCATE TABLE Anweisung dar:

```
ALTER TABLE TBL_BESTELLUNG DISABLE CONSTRAINT FK _BESTELLUNG_KUNDE;

TRUNCATE TABLE TBL_KUNDE;

ALTER TABLE TBL_BESTELLUNG ENABLE CONSTRAINT FK _BESTELLUNG_KUNDE;

SELECT *
FROM TBL_KUNDE;
```

Beim Truncate muss man darauf achten, dass die Constraints ausgeschaltet sind. Truncate ist keine DML Aktion und läuft somit nicht innerhalb einer Transaktion. Deswegen kann man diesen Befehl bei aktivierten Constraints nicht anwenden.

Ergebnis:

Die Abfrage liefert keine Daten zurück.

Was fällt einem auf? Es fehlt das COMMIT. Das liegt daran, dass TRUNCATE TABLE streng genommen nicht zu den DML-Befehlen (Data Manipulating Language), sondern zu den DDL Befehlen (wie z.B. CREATE TABLE). Deshalb läuft dieser Befehl nicht innerhalb einer Transaktion. Das wirkt sich bei großen Datenmengen sehr positiv auf die Laufzeit zur Löschung einer gesamten Tabelle aus. Allerdings kann nach einem TRUNCATE TABLE auch kein ROLLBACK durchgeführt werden. Die Daten sind somit sofort physisch gelöscht.

Aufgaben

1) Fügen Sie einen Datensatz in die Tabelle TBL_KUNDE ein:
   - Kunde-Nr: 1
   - Vorname: Hugo
   - Nachname: Schmidt

2)
   - Erstellen Sie die Tabelle TBL_BESTELLUNG_POS gemäß Datenmodell inklusive Primary und Foreign Key Constraint auf die Tabelle TBL_BESTELLUNG
   - Fügen Sie jetzt jeweils einen Datensatz in die Tabellen TBL_BESTELLUNG_POS und TBL_BESTELLUNG ein:
     - TBL_BESTELLUNG_POS: (Bestellung:1, Produkt:25, Anzahl:1)
     - TBL_BESTELLUNG: (Bestellung:1, Datum: 01.01.2014, Abholer:0, Kunde:1, Fahrer:1, Mitarbeiter:1)

3) Erstellen Sie den Foreign Key zwischen TBL_PRODUKT und TBL_BESTELLUNG_POS. Es wird vermutlich ein Fehler auftreten. Was ist die Ursache für diesen Fehler? Ändern Sie die Daten so, dass dieser Fehler nicht mehr auftritt.

4) Leeren Sie die Tabellen TBL_BESTELLUNG_POS und TBL_BESTELLUNG mittels DELETE Statement. Worauf muss man dabei achten?

5) Gucken Sie sich die INSERT Statements in der Datei TBL_KUNDE_INSERT.SQL an. Was müssen Sie an der Struktur der Tabelle TBL_KUNDE erst noch ändern, damit Sie die Daten mit den INSERT Statements ohne Fehler einfügen können?

6) Im Kursverzeichnis gibt es folgende Dateien, in welchen INSERT Statements sind, um die jeweilige Tabelle mit Daten zu befüllen:
   - TBL_BESTELLUNG_INSERT.SQL
   - TBL_BESTELLUNG_POS_INSERT.SQL
   - TBL_KUNDE_INSERT.SQL
   - TBL_MITARBEITER_INSERT.SQL
   - TBL_PRODUKT.SQL
   - TBL_PRODUKTGRUPPE.SQL

   Worauf müssen Sie achten, bevor Sie diese Skripte ausführen?

4 Einfache Abfragen erstellen

Spalten selektieren (SELECT)

In diesem Kapitel werden wir die ersten einfachen Abfragen erstellen. Wir werden nur Daten aus einer einzelnen Tabelle abfragen und nach und nach die grundlegende Struktur eines SQL Statements kennen lernen. Das einfachste Beispiel sieht folgendermaßen aus:

```
SELECT *
FROM TBL_KUNDE
```

Ergebnis:

KUNDE_NR	VORNAME	NACHNAME	STRASSE	PLZ	ORT	GESCHLECHT	GEBURTSTAG
1	1 Horst	Huber	Karolinenweg 11a	20357	Hamburg	M	01.05.75 00:00:00
2	2 Erika	Schmidt	Goethestraße 5	22512	Hamburg	F	05.10.85 00:00:00
3	3 Bert	Müller	Schwedenweg 22	22123	Hamburg	m	03.02.79 00:00:00
4	4 Hubertus	Meyer-Huber	Hamburger Straße 67	24106	Kiel	M	15.07.58 00:00:00
5	5 Hanna	von Bergmann	Werftstraße 22	24145	Kiel	f	17.09.65 00:00:00
6	6 Tobias	Maier	Fördeweg 2	26105	Flensburg	M	03.03.92 00:00:00
7	7 Fabian	Lindemann	Kieler Straße 102	23809	Lübeck	m	01.09.73 00:00:00

Der Stern steht somit stellvertretend für alle Spalten der Tabelle. Mittels FROM <Tabellenname> wird die Tabelle definiert, aus der die Daten selektiert werden. Wenn wir nur bestimmte Spalten anzeigen wollen, können wir diese direkt mit Namen ansprechen und mehrere Spalten durch Kommata getrennt angeben:

```
SELECT KUNDE_NR,
       VORNAME,
       NACHNAME
FROM TBL_KUNDE
```

Das Ergebnis dazu besteht nur noch aus drei Spalten:

Ergebnis:

KUNDE_NR	VORNAME	NACHNAME
1	1 Horst	Huber
2	2 Erika	Schmidt
3	3 Bert	Müller
4	4 Hubertus	Meyer-Huber
5	5 Hanna	von Bergmann
6	6 Tobias	Maier
7	7 Fabian	Lindemann

Wenn wir jetzt nur noch die Spalte ORT abfragen, würde das Ergebnis folgendermaßen aussehen:

Ergebnis:

```
  ⟨⟩ ORT
1 Hamburg
2 Hamburg
3 Hamburg
4 Kiel
5 Kiel
6 Flensburg
7 Lübeck
```

Es wird für alle Datensätze in der Tabelle der Ort ausgegeben. Durch das Verwenden des Schlüsselwortes **DISTINCT** ändert sich jetzt das Ergebnis wie folgt:

```
SELECT DISTINCT ORT
FROM TBL_KUNDE
```

Ergebnis:
```
  ⟨⟩ ORT
1 Flensburg
2 Kiel
3 Lübeck
4 Hamburg
```

Man erkennt, dass durch DISTINCT Duplikate ausgeschlossen werden, so dass nur noch die verschiedenen Orte jeweils genau einmal angezeigt werden. Dabei werden immer alle Spalten betrachtet, d.h. wenn man DISTINCT auf ORT und GESCHLECHT anwendet, werden die verschiedenen Kombinationen aus beiden Spalten jeweils genau einmal angezeigt. Duplikate über die Kombinationen der verschiedenen Spaltenwerte werden somit entfernt.

```
-- Distinkte Kombinationen selektieren

SELECT DISTINCT ORT, GESCHLECHT
FROM TBL_KUNDE
```

Ergebnis:

	⟨⟩ ORT	⟨⟩ GESCHLECHT
1	Hamburg	F
2	Flensburg	M
3	Hamburg	m
4	Hamburg	M
5	Lübeck	m
6	Kiel	M
7	Kiel	f

Hier unterscheiden sich jetzt alle Zeilen. Wenn man nun die Funktion UPPER() um das GESCHLECHT herum setzt, dann fällt die Zeile Hamburg und m weg, da aus dem kleinen m eine großes wird und damit dann Duplikate existieren. Das DISTINCT bezieht sich immer auf die gesamte Ergebniszeile.

Mittels einem doppelten Minus '--' können **Kommentare** in die SQL Statements eingefügt werden.

Zeilen selektieren (WHERE)

Der nächste Bestandteil eines SQL-Statements kann die WHERE Klausel sein. Durch diese ist es möglich, sog. Filter zu definieren, wodurch man nur bestimmte Zeilen selektieren kann:

```
SELECT KUNDE_NR, VORNAME, NACHNAME, ORT
FROM TBL_KUNDE
WHERE ORT='Hamburg'
```

Ergebnis:

	KUNDE_NR	VORNAME	NACHNAME	ORT
1	1 Horst	Huber	Hamburg
2	2 Erika	Schmidt	Hamburg
3	3 Bert	Müller	Hamburg

Es werden dadurch alle Zeilen zurückgegeben mit Ort "Hamburg". In diesem Fall sind das die ersten drei Kunden. Es gibt diverse Operatoren, um Filter zu definieren:

Operator	Funktion
=	Gleichheit
<>	Ungleichheit
>	Größer als
<	Kleiner als
>=	Größer oder Gleich
<=	Kleiner oder Gleich
IS (NOT) NULL	Prüft, ob eine Spalte (nicht) NULL ist.
BETWEEN <Wert1> AND <Wert2>	Zwischen <Wert1> und <Wert2>
IN (<wert1>, <wert2>, ...)	Enthalten in (...)
LIKE '.....'	Textuelle Gleichheit. Es kann % als Platzhalter für mehrere beliebige Zeichen verwendet werden. _ dient als Platzhalter für genau ein beliebiges Zeichen.
<Operator> ANY (<wert1>,...)	<Operator> kann sein: =, <, >, <>, <=, >= Wird von Oracle aufgölst in: <Operator> <wert1> OR <Operator> <wert2> OR ... Wird in der Praxis meist durch andere Vergleiche ersetzt und somit recht ungebräuchlich.
<Operator> ALL (<wert1>,...)	<Operator> kann sein: =, <, >, <>, <=, >= Wird von Oracle aufgölst in: <Operator> <wert1> AND <Operator> <wert2> AND ...

	Wird in der Praxis meist durch andere Vergleiche ersetzt und somit recht ungebräuchlich.

Tab.2: SQL Vergleichs Operatoren

Um sich z.B. alle Kunden anzeigen zu lassen, deren Nachnamen mit M beginnen, könnte man folgendes SQL Statement schreiben:

```
SELECT KUNDE_NR, VORNAME, NACHNAME
FROM TBL_KUNDE
WHERE NACHNAME LIKE 'M%'
```

Ergebnis:

	KUNDE_NR	VORNAME	NACHNAME
1	3	Bert	Müller
2	4	Hubertus	Meyer-Huber
3	6	Tobias	Maier

Der Filterausdruck 'M%' bedeutet, dass der erste Buchstabe der Zeichenkette ein M sein muss. Die Buchstaben danach sind egal. Das wird durch das % Zeichen erreicht. Es steht als Platzhalter für beliebig viele Zeichen. Als Platzhalter für genau ein Zeichen kann der Unterstrich _ verwendet werden.

Übung 1: Zeigen Sie alle Produkte an, mit einem Preis größer 10€

Übung 2: Zeigen Sie alle Kunden mit Vornamen, Nachnamen und PLZ an, die aus den PLZ Gebieten 24 + 25 kommen (Hinweis: nicht mit LIKE-Operator).

Berechnungen und Funktionen verwenden

Mit den Spalten im SELECT Abschnitt kann man auch rechnen, z.B. folgendermaßen:

```
SELECT PRODUKT_NR, BEZEICHNUNG, PREIS, PREIS/1.19 AS NETTO, PREIS/1.19*0.19 AS MWST
FROM TBL_PRODUKT
WHERE PREIS/1.19*0.19 > 2
```

Ergebnis:

	PRODUKT_NR	BEZEICHNUNG	PREIS	NETTO	MWST
1	1	Rumpsteak	20,95	17,6050420168067226890756302521008403613	3,3449579831932773109243697478
2	2	Grillteller	14,95	12,5630252100840336134453781512605042016	2,3869747899159663865546218487

Im obigen Beispiel fällt der dritte Datensatz der Produkttabelle raus, weil die MwSt deutlich unter 2€ liegt. Deshalb ist dieser rot und durchgestrichen dargestellt.

Wie man sieht, können die ganz normalen und bekannten Rechenoperationen auch im SQL angewandt werden. Sowohl im Select als auch in der WHERE Klausel. Im obigen Beispiel führt das dazu, dass nur die Zeilen angezeigt werden, mit einer MwSt von mehr als 2 Euro. Durch AS können

Spalten anders benannt werden als sie in der Tabellendefinition heißen. Es können auch Klammern verwendet werden.

Folgende Berechnungsoperatoren stehen zur Verfügung:

Operator	Funktion
+, -, *, /	Addition, Subtraktion, Multiplikation, Division mit Nachkommastellen.
mod (x,y)	Modulo Division
^	Potenz

Tab.3: Berechnungsoperatoren

Es gibt diverse Funktionen, die in den Datenbanken implementiert sind, z.B. zum Runden, Ersetzen von Zeichen in Zeichenketten, Typumwandlung, Rechnen mit Datumswerten, etc. Ich möchte im Folgenden die wichtigsten vorstellen:

Funktion/Syntax	Beschreibung
To_Date(<Wert> [, <Format>])	Wandelt eine Zeichenkette in ein Datum um. Dabei kann eine Formatstring angegeben werden, um die Struktur des Wertes anzugeben. Z.B. Zeichenkette '20120201' soll in ein Datum umgewandelt werden, dann muss Formatstring 'YYYYMMDD' mit angegeben werden.
To_Char(<Wert> [, <Format>])	Wandelt ein Datum in eine Zeichenkette um. Mittels Formatstring kann definiert werden, wie die Zeichenkette aussehen soll. Z.B. kann ein Datum 01.02.2012 mittels Formatstring 'YYYYMM' leicht in die Form '201202' gebracht werden.
To_Number (<Zeichenketten>)	Wandelt eine Zeichenkette in eine Zahl um.
Round (<Zahl>, <Stellen>)	Rundet die Zahl <Zahl> kaufmännisch auf <Stellen> Stellen.
Substr (<Text>, <Start>, <Anz. Zeichen>)	Liefert einen Ausschnitt aus <Text> von Position <Start> mit <Anz. Zeichen> Länge
Length (<Text>)	Liefert die Länge der Zeichenkette <Text> zurück.
InStr (<Text>, <Zeichenkette>, <Start Pos.>)	Sucht <Zeichenkette> in <Text> mit Start an <Start Pos.> und liefer die Position zurück.
Replace (<Text>, <Zeichen>, <Zeichen_Neu>)	Ersetzt alle Zeichen <Zeichen> durch <Zeichen_Neu> in <Text>.
Concat (<Text1>, <Text2>, ...)	Verbindet die Texte 1 ... n zu einer Zeichenketten. Alternativ kann auch der Operator || verwendet werden.

LTrim/RTrim (<Text> [, <Zeichen>])	Schneidet alle Zeichen <Zeichen> links bzw. rechts von <Text> ab. Wenn kein Zeichen angegeben wurde, werden Leerzeichen entfernt.
NVL (<Feld>, <Nullwertzeichen>)	Ersetzt NULL Werte in <Feld> durch <Nullwertzeichen>.
ADD_MONTHS (<Datum>, <Monate<)	Zählt <Monate> Monate auf <Datum> drauf und liefert das entsprechende Datum zurück.
LAST_DAY (<Datum>)	Liefert den letzten Tag des Monats aus <Datum>.
UPPER / LOWER (<Text>)	Wandelt alle Zeichen von <Text> in Groß- bzw. Kleinbuchstaben um.
LPad/RPad(<Text>, <Breite> [, <Zeichen>])	Füllt den String <Text> auf bis zu <Breite> Zeichen auf mit dem Zeichen <Zeichen>. Wenn kein Zeichen angegeben wurde, wird der String mit Leerzeichen aufgefüllt.
ABS (<Zahl>)	Liefert die absolute Zahl zurück.
SYSDATE / SYSTIMESTAMP	Liefert das akt. Systemdatum zurück bzw. den akt. Systemzeitstempel (d.h. Datum + Uhrzeit)
TRUNC (<Zahl>, <Anzahl>)	Schneidet die <Zahl> ab bis auf <Anzahl> Nachkommastellen. Es wird nicht gerundet. Lässt man <Anzahl> weg, wird bis zum Komma abgeschnitten.

Tab.4: Oracle Standardfunktionen

Unter
http://docs.oracle.com/cd/B28359_01/olap.111/b28126/dml_commands_1029.htm#OLADM780
findet man eine Übersicht mit allen möglichen Formatstring-Bestandteilen.

Funktionen können sowohl im SELECT- als auch im WHERE-Teil eine SQL Statements verwendet werden, woraus noch weitergehende Filtermöglichkeiten entstehen:

```
SELECT KUNDE_NR, VORNAME, NACHNAME, GEBURTSTAG
FROM TBL_KUNDE
WHERE to_number( to_char(GEBURTSTAG, 'YYYY'))>=1980
```

Ergebnis:

	KUNDE_NR	VORNAME	NACHNAME	GEBURTSTAG
1	2	Erika	Schmidt	05.10.85 00:00:00
2	6	Tobias	Maier	03.03.92 00:00:00

Wie man sieht, können auch mehrere Funktionen miteinander verschachtelt werden. Dieses SQL selektiert alle Kunden, die 1980 oder später geboren wurden. Mittels String-Funktion können alle männlichen Kunden gewählt werden:

```
SELECT VORNAME, NACHNAME, GESCHLECHT
FROM TBL_KUNDE
WHERE UPPER(GESCHLECHT)='M'
```

Ergebnis:

	VORNAME	NACHNAME	GESCHLECHT
1	Horst	Huber	M
2	Bert	Müller	m
3	Hubertus	Meyer-Huber	M
4	Tobias	Maier	M
5	Fabian	Lindemann	m

Wieso verwendet man die UPPER-Funktion? Es kann ja sein, dass mal ein großes und mal ein kleines M für das Geschlecht eingegeben wurde. Alternativ hätte man das Ganze auch mit Hilfe des IN Operators erreichen können: IN('M', 'm')

Übung 3: Selektieren Sie alle Kunden, die im 1. Quartal eines Jahres Geburtstag haben

Übung 4: Zeigen Sie alle Kunden an, deren Vornamen mit F beginnen und verwenden Sie dabei Funktionen (und nicht den LIKE Operator)!

Übung 5: Selektieren Sie alle Kunden, deren Nachnamen auf 'mann' enden und verwenden Sie dabei ebenfalls Funktionen (und nicht den LIKE Operator). Hinweis: substr + length

Mehrere Filter verknüpfen

Oftmals ist es notwendig, Datensätze anhand mehrerer Kriterien zu selektieren. Z.B. könnte es interessant sein, alle Kunden zu anzuzeigen, die nach 1970 geboren sind und weiblich sind:

```
SELECT KUNDE_NR, VORNAME, NACHNAME, GESCHLECHT, GEBURTSTAG
FROM TBL_KUNDE
WHERE to_number( to_char(GEBURTSTAG, 'YYYY'))>=1970
AND GESCHLECHT IN('F', 'f')
```

Ergebnis:

	KUNDE_NR	VORNAME	NACHNAME	GESCHLECHT	GEBURTSTAG
1	2	Erika	Schmidt	F	05.10.85 00:00:00

Man kann Filter mittels **AND** miteinander verknüpfen. Damit müssen beide Bedingungen erfüllt sein, damit der Datensatz zurückgeliefert wird. Der zweite Datensatz wird in diesem Fall nicht angezeigt, da der Geburtstag nicht passt.

Alternativ können Bedingungen auch mit **OR** kombiniert werden. Dann muss entweder Bedingung A oder B zutreffen:

```
SELECT VORNAME, NACHNAME, GESCHLECHT, GEBURTSTAG
FROM TBL_KUNDE
WHERE GESCHLECHT IN('F', 'f')
OR to_number( to_char(GEBURTSTAG, 'YYYY'))>=1970
```

Ergebnis:

	VORNAME	NACHNAME	GESCHLECHT	GEBURTSTAG
1	Horst	Huber	M	01.05.75 00:00:00
2	Erika	Schmidt	F	05.10.85 00:00:00
3	Bert	Müller	m	03.02.79 00:00:00
4	Hanna	von Bergmann	f	17.09.65 00:00:00
5	Tobias	Maier	M	03.03.92 00:00:00
6	Fabian	Lindemann	m	01.09.73 00:00:00

Es werden also alle weibliche Kunden zurückgeliefert oder Kunden, die nach 1970 geboren wurden. Komplex wird das Ganze, wenn man AND und OR miteinander verknüpft. Dabei hat der AND Operator Vorrang vor dem OR Operator:

```
SELECT VORNAME, NACHNAME, ORT, GESCHLECHT
FROM TBL_KUNDE
WHERE ORT='Hamburg' OR ORT='Kiel' AND GESCHLECHT IN('M', 'm')
```

Ergebnis:

	VORNAME	NACHNAME	ORT	GESCHLECHT
1	Horst	Huber	Hamburg	M
2	Erika	Schmidt	Hamburg	F
3	Bert	Müller	Hamburg	m
4	Hubertus	Meyer-Huber	Kiel	M

Je nachdem, was man nun auswerten möchte, muss man ggf. Klammern setzen. So wie das Statement oben definiert wurde, werden entweder Kunden aus Hamburg zurück geliefert (egal ob männlich oder weiblich) oder männliche Kunden aus Kiel.

Wenn man möchte, dass männliche Kunden angezeigt werden, die aus Kiel oder Hamburg kommen, muss man das SQL folgendermaßen erweitern:

```
SELECT VORNAME, NACHNAME, ORT, GESCHLECHT
FROM TBL_KUNDE
WHERE (ORT='Hamburg' OR ORT='Kiel') AND GESCHLECHT IN('M', 'm')
```

VORNAME	NACHNAME	ORT	GESCHLECHT
1 Horst	Huber	Hamburg	M
2 Bert	Müller	Hamburg	m
3 Hubertus	Meyer-Huber	Kiel	M

Der Datensatz „Erika Schmidt" fällt jetzt auch noch raus, da die zurückgelieferten Datensätze folgende Bedingungen erfüllen müssen:

1. männlich
2. Aus Kiel oder Hamburg

Das wurde erreicht durch Verwenden von Klammern. Es wird also zunächst die Bedingung (ORT='Hamburg' OR ORT='Kiel') ausgewertet. In der Ergebnismenge davon wir dann geguckt, welche Kunden männlich sind.

Im Zusammenhang mit AND und OR gibt es noch den Operator NOT. Es kann damit z.B. geprüft werden, welche Kunden nicht aus Kiel, Flensburg oder Lübeck kommen:

```
SELECT VORNAME, NACHNAME, ORT
FROM TBL_KUNDE
WHERE ORT NOT IN ('Hamburg', 'Flensburg', 'Lübeck')
```

Ergebnis:

VORNAME	NACHNAME	ORT
1 Hubertus	Meyer-Huber	Kiel
2 Hanna	von Bergmann	Kiel

Übung 6: Selektieren Sie alle Produkte mit der Produktgruppe 1 und einem Preis größer 15€

Übung 7: Selektieren Sie alle Produkte mit einer MwST Betrag< 0,75€ oder >2€ aus den Produktgruppen 1,2 oder 4. Zeigen Sie dabei alle Spalten der Produkt Tabelle an und zusätzlich noch den Betrag der MwSt. (MwSt-Satz: 19%)

Ergebnisse sortieren

Man kann die zurückgelieferten Datensätze auch sortieren, z.B. nach PLZ:

```
SELECT KUNDE_NR, VORNAME, NACHNAME, PLZ
FROM TBL_KUNDE
ORDER BY PLZ ASC
```

Ergebnis:

KUNDE_NR	VORNAME	NACHNAME	PLZ
1	1 Horst	Huber	20357
2	3 Bert	Müller	22123
3	2 Erika	Schmidt	22512
4	7 Fabian	Lindemann	23809
5	4 Hubertus	Meyer-Huber	24106
6	5 Hanna	von Bergmann	24145
7	6 Tobias	Maier	26105

Ein anderes Beispiel zum Sortieren der Ergebnisse:

```
SELECT KUNDE_NR, VORNAME, NACHNAME, ORT
FROM TBL_KUNDE
ORDER BY 4 DESC, 1 ASC
```

Ergebnis:

KUNDE_NR	VORNAME	NACHNAME	ORT
1	7 Fabian	Lindemann	Lübeck
2	4 Hubertus	Meyer-Huber	Kiel
3	5 Hanna	von Bergmann	Kiel
4	1 Horst	Huber	Hamburg
5	2 Erika	Schmidt	Hamburg
6	3 Bert	Müller	Hamburg
7	6 Tobias	Maier	Flensburg

Wie man sieht kann man durch **ASC** oder **DESC** angeben, in welche Richtung sortiert werden soll. Sortierspalten können entweder per Namen oder als Position angegeben werden. Mehrere Sortierkriterien können durch Kommata getrennt werden.

Mittels **NULLS FIRST** und **NULLS LAST** kann bei der Sortierung noch angegeben werden, dass Nullwerte am Anfang oder ans Ende der Liste gestellt werden. Der Rest wird dann sortiert wie beschrieben.

Zum Abschluss dieses Kapitels noch ein kleineres Thema: In Oracle existiert eine Tabelle, die DUAL heißt. In dieser befindet sich genau ein Datensatz. Diese kleine Tabelle kann manchmal hilfreich sein, weil man bei Oracle im SQL immer eine Tabelle in der FROM Klausel angeben muss. Wenn ich z.B. nur mal kurz eine Funktion ausprobieren möchte kann ich das wie folgt machen:

```
SELECT SYSDATE
FROM dual;
```

Man bekommt dann genau einen Wert zurückgeliefert, nämlich das Systemdatum in diesem Fall.

Aufgaben

1) Erzeugen Sie eine Liste aller Hamburger Kundinnen.

2) Ihre Fahrerin Liese ist immer zu langsam beim Kunden. Insofern sind die meisten Pizzen kalt und es gab viele Beschwerden dieser Kunden. Um allen Kunden, die von Liese beliefert wurden, ein kostenloses Tiramisu als Widergutmachung anzubieten, benötigen Sie eine Liste mit allen Bestellungen des 1. Quartals 2013, die Liese (Mitarbeiter-Nr.) ausgeliefert hat. Keine Selbstabholer. (Hinweis: Erst Lieses Mitarbeiter-Nr. in TBL_MITARBEITER nachgucken und dann in der Abfrage verwenden)

3) Stellen Sie alle Kunden dar, die älter als 40 Jahre sind. Zeigen Sie auch das jeweilige Alter mit an. (Hinweis: Datumsfelder kann man auch subtrahieren)

4) Selektieren Sie alle Bestellungen (Bestell-Nr.), die min 2 Stück der Produkte 1...5 oder min. 3 Stück der Produkte 6 ... 15 beinhalten. (Hinweis: TBL_BESTELLUNG_POS verwenden)

5) Erstellen Sie einen Bericht, der die Bestellungen für die Hamburger Kunden im 1. Quartal 2013 zeigt. (Hinweis: Zunächst die relevanten Kunden in der TBL_KUNDE nachschlagen und die entsprechenden Kunden-Nr. dann in der Abfrage verwenden)

6) Welche Kunden wurden im Februar oder August 2013 von Verkäufer Emil Iversen und von Fahrer Liese Müller beliefert oder von Verkäufer Emil Iversen und von Fahrer Peter Peters beliefert? Verwenden sie nur AND, OR, NOT Operatoren.

7) Zeigen Sie alle Kunden an, bei denen der Straßenname ‚weg' enthält und benutzen Sie dafür nicht den LIKE-Operator.

5   Mehrere Tabellen abfragen

Wir wissen mittlerweile, wie wir einfache Abfragen auf eine Tabelle erstellen können. In der Praxis muss man jedoch fast immer auf mehrere Tabellen zugreifen. Wenn wir uns nur die Kunden oder nur die Produkte angucken, ist das alles noch recht langweilig. Wir wollen ja eher wissen, welche Produkte haben wir wie oft und wo verkauft? Dazu beschäftigen wir uns in diesem Kapitel mit den verschiedenen Join Typen, die uns relationale Datenbanken bieten.

Kreuzprodukt

Die einfachste Form, Daten aus mehreren Tabellen abzufragen, ist die, dass man einfach eine zweite Tabelle in die FROM Klausel schreibt. Allerdings ist das Ergebnis in den allermeisten Fällen nicht das, was man benötigt, da relationale Datenbanken an dieser Stelle alle Datensätze aus Tabelle A mit allen Datensätzen aus Tabelle B kombinieren. Das kann bei großen Ausgangstabellen zu sehr großen Ergebnismengen führen, die die Datenbank an den Rand der Leistungsfähigkeit bringen kann.

Allerdings gibt es auch Fälle, in denen Kreuzprodukte sinnvoll sein können. Wir wollen uns zunächst einmal die Syntax für ein Kreuzprodukt angucken:

```
SELECT
        TBL_KUNDE.KUNDE_NR,
        TBL_KUNDE.NACHNAME,
        TBL_PRODUKTGRUPPE.PRODUKT_GRUPPE_NR AS PG_NR,
        TBL_PRODUKTGRUPPE.BEZEICHNUNG AS PG_BEZ
FROM TBL_KUNDE, TBL_PRODUKTGRUPPE
ORDER BY 1,3
```

Ergebnis:

	KUNDE_NR	NACHNAME	PG_NR	PG_BEZ
1	1	Huber	1	Fleischgerichte
2	1	Huber	2	Pizzen
3	1	Huber	3	Pasta
4	1	Huber	4	Getränke
5	1	Huber	5	Desserts
6	1	Huber	6	Sonstige
7	2	Schmidt	1	Fleischgerichte
8	2	Schmidt	2	Pizzen
9	2	Schmidt	3	Pasta
10	2	Schmidt	4	Getränke
11	2	Schmidt	5	Desserts

Wie man gesehen hat, muss man einfach nur die Tabellen, zwischen denen man ein Kreuzprodukt definieren möchte, in die FROM Klause schreiben. Man kann dann auch im SELECT definieren, welche Spalten aus welchen Tabellen ran gezogen werden sollen mit folgender Syntax: *<Tabellen-Name> . <Spalten-Name>*

Im obigen Beispiel sieht man auch die Auswirkung des Kreuzprodukts. Es gibt in TBL_KUNDE genau 7 Datensätze, in TBL_PRODUKTGRUPPE genau 5. Insgesamt wird jeder Datensatz aus TBL_KUNDE mit jedem Datensatz aus TBL_PRODUKTGRUPPE kombiniert, so dass wir eine Ergebnismenge von 35 Datensätzen erhalten.

Inner Joins

Im Gegensatz zum Kreuzprodukt werden beim Inner Join die beiden Tabellen über eine oder mehrere Spalten miteinander verknüpft. Das Ganze mal am Beispiel des Inner Joins zwischen Produkten und Bestell-Positionen dargestellt:

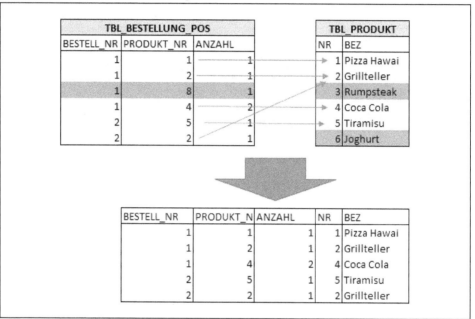

Abb.11: INNER JOIN zwischen TBL_PRODUKT und TBL_BESTELLUNG_POS

Die beiden Tabellen sollen über die PRODUKT_NR miteinander verknüpft werden. Dazu guckt die Datenbank, bei welchen Datensätzen die Werte identisch sind in den Verknüpfungsspalten. Diese beiden Datensätze werden dann zusammengefügt in der Ergebnismenge. Die Verknüpfungen sind durch die dünnen blauen Pfeile dargestellt. Die roten Zeilen haben keine Entsprechung in der jeweils anderen Tabelle und fallen somit aus der Ergebnismenge raus.

Nehmen wir ein anderes einfaches Beispiel. Wir möchten zu unseren Produkten wissen, zu welcher Produktgruppe diese gehören. Dazu gibt es die Produktgruppen-Nr. in der Produkt-Tabelle. Die ist jedoch für die meisten Anwender nicht aussagekräftig, sondern es wäre schön, wenn wir dazu aus der Produktgruppen-Tabelle uns die Bezeichnung der Produktgruppe anzeigen lassen könnten. Dazu müssen wir die Tabellen TBL_PRODUKT und TBL_PRODUKTGRUPPE miteinander verknüpfen. Wir machen dies über die Spalte PRODUKTGRUPPE_NR, weil lt. Datenmodell diese Spalte die Verknüpfung zwischen beiden Tabellen herstellt.

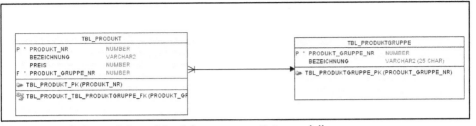

Abb.12: Ausschnitt Produkt und Produktgruppe aus Datenmodell

Folgendes SQL stellt die Verknüpfung zwischen den beiden Tabellen her und liefert alle Spalte zurück:

```
SELECT *
FROM TBL_PRODUKT prd
    JOIN TBL_PRODUKTGRUPPE grp
    ON prd.PRODUKT_GRUPPE_NR=grp.PRODUKT_GRUPPE_NR
WHERE grp.PRODUKT_GRUPPE_NR IN(1,5)
```

Ergebnis:

	PRODUKT_NR	BEZEICHNUNG	PREIS	PRODUKT_GRUPPE_NR	PRODUKT_GRUPPE_NR_1	BEZEICHNUNG_1
1	1	Rumpsteak	20,95	1	1	Fleischgerichte
2	2	Grillteller	14,95	1	1	Fleischgerichte
3	14	Obstsalat	3	5	5	Desserts
4	15	Tiramisu	4	5	5	Desserts
5	16	Joghurt	(null)	5	5	Desserts

Wir lassen uns nur die Produktgruppen 1 und 5 anzeigen mit ihren Produkten. Die Verknüpfung findet mittels der Syntax *<Tabelle 1> JOIN <Tabelle 2> ON <Bedinungen>* statt. Prd und grp sind sog. Tabellen-Aliase. Damit können wir den Tabellen andere, einfachere Namen geben, über welche wir dann auf die Spalten zugreifen. Im obigen Fall würde das DBMS zunächst alle Zeilen der Produkttabelle durchlaufen und pro Zeile gucken, welche Produktgruppen-Nr. diese hat. Mit dieser Nummer guckt die Datenbank nun in der Produktgruppen-Tabelle nach und selektiert alle Datensätze mit dieser Nummer. Die Felder des Datensatzes aus TBL_PRODUKT und aus TBL_PRODUKTGRUPPE werden zu einem neuen Ergebnis-Datensatz zusammen gefügt. Das wird jetzt für jede einzelne Zeile der Produkt-Tabelle gemacht. Zum Schluss werden nur noch die Datensätze angezeigt, die zu der Produktgruppe mit der Nummer 1 oder 5 gehören. Wenn man die Felder nicht einschränkt, werden alle Felder aus beiden Tabellen genommen. Bei den Feldern, die die gleiche Bezeichnung haben (z.B. PRODUKT_GRUPPE_NR) werden diese durch angehängte Zahlen vom DBMS eindeutig benannt.

Beim Inner Join werden auch nur diejenigen Datensätze zurückgeliefert, die sowohl in Tabelle A als auch Tabelle B einen Datensatz haben. Die Datensätze, für die kein referenzierter Datensatz in Tabelle B gefunden werden kann, werden nicht in der Ergebnismenge zurückgegeben. Das verdeutlicht das folgende Beispiel. Es gibt kein Produkt, welches der Produktgruppe 6 (=Sonstiges) zugeordnet ist:

```
SELECT grp.BEZEICHNUNG AS GRUPPE, prd.BEZEICHNUNG AS PROD
```

```
FROM TBL_PRODUKT prd
     JOIN TBL_PRODUKTGRUPPE grp
        ON prd.PRODUKT_GRUPPE_NR=grp.PRODUKT_GRUPPE_NR
WHERE grp.PRODUKT_GRUPPE_NR IN(5,6)
```

Ergebnis:

GRUPPE	PROD
1 Desserts	Obstsalat
2 Desserts	Tiramisu
3 Desserts	Joghurt

Nun wollen wir auf einen kleinen Effekt bei Joins aufmerksam machen. Dazu müssen wir die Daten der Tabelle der Produktgruppen ein wenig manipulieren:

```
ALTER TABLE TBL_PRODUKT DISABLE CONSTRAINT FK_PROD_PROD_GRUPPE;

ALTER TABLE TBL_PRODUKTGRUPPE DISABLE CONSTRAINT PK_PROD_GRUPPE;

INSERT INTO TBL_PRODUKTGRUPPE VALUES (1, 'Testgruppe');

COMMIT;

SELECT *
FROM TBL_PRODUKT prd
     JOIN TBL_PRODUKTGRUPPE grp
        ON prd.PRODUKT_GRUPPE_NR=grp.PRODUKT_GRUPPE_NR
WHERE grp.PRODUKT_GRUPPE_NR=1;
```

Ergebnis:

	PRODUKT_NR	BEZEICHNUNG	PREIS	PRODUKT_GRUPPE_NR	PRODUKT_GRUPPE_NR_1	BEZEICHNUNG_1
1	2	Grillteller	14,95	1	1	Fleischgerichte
2	1	Rumpsteak	20,95	1	1	Fleischgerichte
3	2	Grillteller	14,95	1	1	Testgruppe
4	1	Rumpsteak	20,95	1	1	Testgruppe

Was ist hier passiert? Es sind zur selben PRODUKT_GRUPPEN_NR in der Tabelle der Produktgruppen zwei Einträge vorhanden, nämlich 1 – Fleischgerichte und 1 – Testgruppe. Beim Join werden alle Datensätze aus TBL_PRODUKTGRUPPE gelesen, die die Join-Bedingung erfüllen. Da beide Gruppen eine 1 als Nummer haben, erfüllen beide Gruppen das Kritierium und werden zurückgeliefert. Somit kombiniert die Datenbank dann jedes Produkt der Gruppe Nr.1 mit jeweils beiden Gruppen. Dadurch entstehen Duplikat. Dieses Phänomen tritt recht häufig auf, gerade wenn man Foreign Key Constraints deaktiviert hat (Das haben wir mit den ALTER-Befehlen vorher schließlich auch gemacht).

Um den alten Stand wieder herzustellen, führen wir nun noch kurz folgendes Skript aus:

```
DELETE TBL_PRODUKTGRUPPE WHERE BEZEICHNUNG='Testgruppe';

COMMIT;
```

```
ALTER TABLE TBL_PRODUKTGRUPPE ENABLE CONSTRAINT PK_PROD_GRUPPE;

ALTER TABLE TBL_PRODUKT ENABLE CONSTRAINT FK_PROD_PROD_GRUPPE;
```

Übung 1: Erstellen Sie eine Abfrage, mit deren Hilfe man die Kunden mit Namen ermittelt, die im Februar 2013 eine Bestellung aufgegeben haben.

Man kann auch Abfragen auf mehr als zwei Tabellen erstellen. Dies funktioniert im Prinzip genauso wie bei zwei Tabellen, nur dass jede weitere Tabelle ebenfalls über einen separaten Join in die Abfrage eingebunden wird.

Übung 2: Welche Fahrer (Nr., Name) haben im April 2013 den Kunden 'Müller' beliefert?

Übung 3: Welche Produkte (Name, Preis) haben die Kieler Kunden im 2. Quartal 2013 gekauft?

Manchmal müssen Joins auch über mehr als eine Spalte erstellt werden. Die zusätzlichen Join-Bedingungen (Join Spalten) werden mittels AND Operator in der ON Klausel eingebunden.

Left / Right / Full Outer Joins

Während beim Inner Join nur die Datensätze zurückgeliefert werden, für die sowohl in Tabelle A (linke Tabelle) als auch in Tabelle B (rechte Tabelle) Entsprechungen vorhanden sind, wird beim Outer Join aus einer Tabelle alle Datensätze zurückgeliefert und bei Erfüllung der Join-Bedingungen die Datensätze aus Tabelle B rangejoint. Im Falle, dass es keine Entsprechung in Tabelle B gibt, werden die Felder aus Tabelle B mit NULL gefüllt.

```
SELECT grp.BEZEICHNUNG AS GRUPPE, prd.BEZEICHNUNG AS PROD
FROM TBL_PRODUKTGRUPPE grp
    LEFT          JOIN          TBL_PRODUKT          prd          ON
        grp.PRODUKT_GRUPPE_NR=prd.PRODUKT_GRUPPE_NR
WHERE grp.PRODUKT_GRUPPE_NR IN (5,6)
ORDER BY 1,2
```

Ergebnis:

GRUPPE	PROD
1 Desserts	Joghurt
2 Desserts	Obstsalat
3 Desserts	Tiramisu
4 Sonstige	(null)

Im Vergleich zu dem gleichen SQL Statement bei den Inner Joins (siehe Seite 29) wird jetzt die Gruppe 6(= Sonstiges) mit ausgegeben. Der einzige Unterschied ist das kleine Wort LEFT vor dem JOIN. Dadurch wird aus dem Inner Join ein LEFT OUTER JOIN, d.h. ein Outer Join mit der führenden Tabelle auf der linken Seite (links vom Join). Aus dieser Tabelle werden alle Datensätze genommen und aus der rechten Tabelle die passenden. Passende Produkte gibt es nur für die Desserts. Mit Hilfe der Outer Joins kann man relativ leicht rausfinden, welche Datensätze nicht in anderen Tabellen verwendet werden, in dem man noch einen WHERE Filter einbaut, der die Join-Spalte in der rechten Tabelle auf NULL Werte filtert. Ein RIGHT OUTER JOIN funktioniert genauso, nur dass die führende Tabelle, d.h. die aus der alle Datensätze genommen werden, rechts von RIGHT JOIN steht.

Auch den Outer Join können wir uns an einem anderen Beispiel grafisch veranschaulichen:

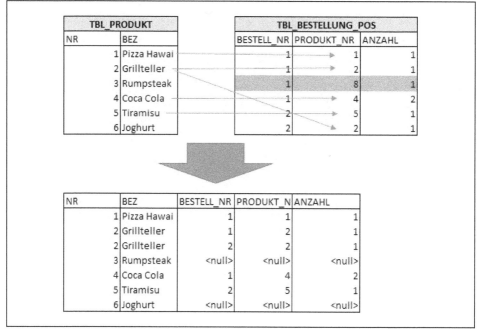

Abb.13: Outer Join zwischen TBL_PRODUKT (führend) und TBL_BESTELLUNG_POS

Auch hier wird wieder versucht, die Datensätze beider Tabellen miteinander zu verknüpfen. Dazu werden die Verknüpfungsspalten miteinander verglichen und bei Gleichheit werden die jeweiligen Datensätze zusammen gefügt. Dargestellt sind die Verknüpfungen durch die dünnen blauen Pfeile. Dieses Mal fällt nur der eine rot markierte Datensatz aus TBL_BESTELLUNG_POS raus, da die Tabelle TBL_PRODUKT als führende Tabelle definiert wurde, und somit alle Datensätze daraus in die Ergebnismenge übernommen werden. Die Datensätze 3+6 aus der Produkt-Tabelle haben keine Entsprechungen, insofern sind in der Ergebnismenge die Felder aus der Tabelle TBL_BESTELLUNG_POS mit <null> gefüllt.

Übung 4: Welche Produkte wurden noch gar nicht verkauft?

Outer Joins und Inner Joins können natürlich in Abfragen auch gleichzeitig eingesetzt werden. Weiterhin gibt es noch die sog. Full Outer Joins, es werden auf jeden Fall alle Datensätze aus beiden Tabellen genommen und bei der Schnittmenge kombiniert. Ansonsten mit NULL befüllt.

Aufgaben

1) Welche Kunden wurden im April 2013 von welchen Fahrern beliefert?

2) Stellen Sie dar, welche verschiedenen Produkte der Kunde ,Maier' im April 2013 bestellt hat.

3) Welche Kunden aus Hamburg haben im Februar 2013 das Rumpsteak bestellt?

4) Welche Mitarbeiter haben noch keine Bestellungen ausgeliefert?

5) Welche Bestellungen (Bestell-Nr.) beinhalten Produkte aus den ,Fleischgerichten'?

6 Gruppierung und Aggregation

Aggregatsfunktionen

Unsere bisherigen Abfragen haben immer Einzeldatensätze dargestellt. D.h. wir können bislang z.B. alle Einzelumsätze von Kunden einer bestimmten Stadt anzeigen, jedoch noch keine Gesamtsumme pro Stadt. Um dieses Ziel zu erreichen, müssen wir die vielen Datensätze einer Stadt zu einem einzigen Datensatz pro Stadt zusammenzählen. Man spricht in diesem Zusammenhang auch vom aggregieren. Es gibt verschiedene Funktionen, um dieses zu tun. In unserem Beispiel würde es z.B. Sinn machen, alle Einzelumsätze aufzusummieren. Man könnte aber auch den größten oder kleinsten Einzelumsatz anzeigen lassen oder den durchschnittlichen Umsatz. Folgende Funktionen stehen zum Aggregieren zur Verfügung:

Agr-Funktion	Beschreibung
SUM (<Wert>)	Summe der Werte. Nur für nummerische Spalten möglich.
AVG (<Wert>)	Durchschnitt der Werte. Nur für nummerische Spalten möglich.
MIN (<Wert>)	Minimaler Wert. Auch für Text und Datum möglich.
MAX (<Wert>)	Maximaler Wert. Auch für Text und Datum möglich.
Count (<Wert>)	Anzahl Werte. Auch für Text und Datum möglich.
Count (DISTINCT <Wert>)	Anzahl verschiedener Werte. Auch für Text und Datum möglich.
Count(*)	Anzahl Datensätze.

Tab.5: Aggregatsfunktionen

Dazu ein kleines Beispiel: Wenn wir z.B. wissen wollen, wie viele Portionen Spagetti Bolognese im März 2013 verkauf wurden, so können wir das folgende SQL verwenden:

```
SELECT SUM(bpos.ANZAHL)
FROM TBL_BESTELLUNG best
        JOIN TBL_BESTELLUNG_POS bpos ON best.BESTELLUNG_NR=bpos.BESTELLUNG_NR
WHERE bpos.PRODUKT_NR=8
AND to_char(best.BESTELL_DATUM, 'YYYYMM')='201303'
```

Ergebnis:

```
    ⬩ SUM(BPOS.ANZAHL)
1            12
```

Lt. SQL sind es zwei Portionen. Wir können dieses einfach überprüfen, wenn wir im obigen SQL den Ausdruck SUM(bpos.ANZAHL) durch bpos.* ersetzen:

Ergebnis:

	BESTELLUNG_NR	PRODUKT_NR	ANZAHL
1	30	8	3
2	60	8	2
3	114	8	1
4	120	8	2
5	130	8	3
6	155	8	1

Wir sehen, dass es zwei Datensätze in der Tabelle TBL_BESTELLUNG_POS, die die Bedingungen erfüllt und jede hat als Anzahl 1, macht in Summe also 2. Anstatt von 6 Einzeldatensätzen haben wir jetzt nur noch einen zusammengefassten Datensatz erhalten.

Übung 1: Wieviele Köche gibt es?

Übung 2: Wie hoch ist der Durchschnittspreis über alle Produkte?

Gruppierungen mit GROUP BY

Manchmal interessiert man sich nicht nur für die Gesamt-Summe, sondern für die Summe pro Bereich, z.B. Summe pro Produkt oder Minimaler und Maximaler Preis pro Produktgruppe. Dazu kann man sog. Gruppierungen einführen. Die Aggregatsfunktion wird dann für jede Gruppe einzeln angewandt. Gruppierungen wird mit dem GROUP BY Statement definiert. Dazu folgendes Beispiel:

Nr	Bezeichnung	Anzahl
1	Rumpsteak	3
1	Rumpsteak	4
1	Rumpsteak	5
...		
2	Grillteller	3
2	Grillteller	3
2	Grillteller	3
...		

Nr	Bezeichnung	SUM(Anzahl)
1	Rumpsteak	217
2	Grillteller	221
3	Pizza Salami	211
...		

```
SELECT  p.PRODUKT_NR,
        p.BEZEICHNUNG,
        bp.ANZAHL
FROM TBL_PRODUKT p
  JOIN TBL_BESTELLUNG_POS bp ON ....
ORDER BY 1
```

```
SELECT  p.PRODUKT_NR,
        p.BEZEICHNUNG,
        SUM(bp.ANZAHL)
FROM TBL_PRODUKT p
  JOIN TBL_BESTELLUNG_POS bp ON ....
GROUP BY p.PRODUKT_NR, p.BEZEICHNUNG
ORDER BY 1
```

Links haben wir die Stückzahlen an verkauften Produkten und die Produktbezeichnung. Pro Bestell-Position (d.h. pro unterschiedlichem Produkt in einer Bestellung) gibt es einen Datensatz in der Tabelle TBL_BESTELLUNG_POS. Wir erstellen nun in der rechten Abfrage eine Gruppierung über das Produkt (d.h. alle Spalten, die zum Produkt gehören. In diesem Fall Produkt-Nr. und Bezeichnung). Als Ergebnis erhalten wir eine Zeile pro Produkt und die Summe aller zugehörigen Einzeldatensätze aus den Bestellpositionen.

Wenn man mit Aggregation und Gruppierungen arbeitet, muss folgende Bedingung immer erfüllt sein:

Jede Spalte im SELECT verwendet entweder eine Aggregations-Funktion (d.h. SUM, MAX, MIN, AVG, ...) oder wird ansonsten im GROUP BY verwendet.

Falls dieses nicht erfüllt ist, erhält man entsprechende Fehlermeldungen. Aggregationsfunktionen hingegen dürfen nur im SELECT auftauchen, nicht jedoch im GROUP BY. Man sollte sich weiterhin beim Erstellen von Abfragen mit Aggregation und Gruppierung immer überlegen, auf welcher Ebene man Summen bilden möchte. In dem Fall dürfen keine weiteren Spalten verwendet werden, die dazu führen, dass die Gruppierung auf einer detaillierteren Ebene erfolgt.

Wenn ich z.B. eine Liste erstellen möchte, in der alle Produktgruppen angezeigt werden mit Ihren zugehörigen Durchschnittspreisen, dann darf ich in den Gruppierungsspalten keine Elemente aus den Produkten verwenden. Das würde dazu führen, dass die Gruppen auf Ebene Produkt erzeugt werden und ich somit pro Produkt eine Zeile erhalten würde. Innerhalb der Aggregationsfunktion kann ich hingegen Spalten aus Produkt verwenden, da diese Spalten durch die Aggregation zusammengeführt werden.

Abschließend noch ein weiteres Beispiel für Gruppierungen und Aggregation:

```
SELECT grp.BEZEICHNUNG AS GRUPPE, Count(*) AS ANZ, MIN(prd.PREIS), MAX(prd.PREIS)
FROM TBL_PRODUKT prd
    JOIN TBL_PRODUKTGRUPPE grp
        ON prd.PRODUKT_GRUPPE_NR=grp.PRODUKT_GRUPPE_NR
GROUP BY grp.BEZEICHNUNG
```

Ergebnis:

	GRUPPE	ANZ	MIN(PRD.PREIS)	MAX(PRD.PREIS)
1	Desserts	3	3	4
2	Pasta	3	4,5	4,5
3	Fleischgerichte	2	14,95	20,95
4	Getränke	3	1,75	2
5	Pizzen	5	5,6	6,95

Wir haben für unsere 5 Produktgruppen, die Produkten zugeordnet wurden, jeweils die Anzahl an zugehörigen Produkten, Min- und Max-Wert berechnet. Die Gruppe 6 ist aufgrund der Verwendung eines Inner Joins nicht in der Ergebnismenge enthalten. Ansonsten sehen wir im SQL, dass die Gruppierung nur über die Bezeichnung der Produktgruppe erfolgt, d.h. pro verschiedener Produktgruppenbezeichnung wird eine Ergebniszeile erzeugt.

Übung 3: Es wird eine Liste benötigt, die alle Bestellungen mit ihrem jeweiligen Umsatz (Anzahl*Preis) anzeigt.

Übung 4: In welcher Stadt wurde im 1. Quartal 2013 der größte Umsatz getätigt? Erstellen Sie eine Liste der Städte mit ihren Gesamtumsätzen absteigend sortiert nach Gesamtumsatz.

Gruppen für Ergebnis selektieren (HAVING)

Manchmal möchte man auch bestimmte Gruppen ausschließen anhand ihrer Aggregate. Dazu verwendet man die HAVING Klausel. Damit ist es möglich, z.B. nur Produkte anzuzeigen, mit denen insgesamt 30€ Umsatz oder mehr gemacht wurden:

```
SELECT
        prd.PRODUKT_NR AS NR,
        prd.BEZEICHNUNG AS PRODUKT,
        SUM(bpos.ANZAHL) AS VK_STUECK,
        SUM(prd.PREIS*bpos.ANZAHL) AS UMSATZ
FROM TBL_PRODUKT prd
        JOIN TBL_BESTELLUNG_POS bpos ON prd.PRODUKT_NR=bpos.PRODUKT_NR
GROUP BY prd.PRODUKT_NR, prd.BEZEICHNUNG
HAVING SUM(prd.PREIS*bpos.ANZAHL)>=3000
```

Ergebnis:

	NR	PRODUKT	VK_STUECK	UMSATZ
1	2	Grillteller	221	3303,95
2	1	Rumpsteak	217	4546,15

Es wurden also sämtliche Gruppen mit einem Umsatz<3000 rausgefiltert.

Übung 5: Erstellen Sie eine Liste mit den Produktgruppen, in denen der Durchschnittspreis mehr als 6€ beträgt.

Aufgaben

1) Welcher Fahrer hat die meisten Pizzen ausgeliefert?

2) Welcher Kunde hat die meisten Bestellung im 2. Quartal 2013 aufgegeben und wie viele?

3) Welches Produkt war das unbeliebteste (anhand verkaufter Stück) bei den Kunden im März 2013?

4) Wieviel Umsatz wurde pro Produktgruppe und pro Monat im Zeitraum von März 2013 bis Mai 2013 realisiert?

5) Erstellen Sie ein Ranking der Produkte nach Umsatz für das 1. Quartal 2013. Es sollen auch Produkte, die bisher noch nicht verkauft wurden, dort auftauchen?

6) Wie viele verschiedene Kunden hat jeder Fahrer beliefert? Wie viele Lieferungen hat jeder Fahrer ausgeteilt?

7) In welcher Stadt ist der durchschnittliche Umsatz pro Bestellung am höchsten? Und in welcher am niedrigsten?

8) Erstellen Sie eine Liste aller Verkäufer mit ihren Umsätzen, Provisionen. Zeigen Sie auch diejenigen an, ohne Umsatz und Provision. Sortieren Sie die Auswertung nach Provisionen absteigend.

7   Unterabfragen

In Kapitel 5 hatten wir bereits verschiedene Join Typen kennen gelernt, um Daten aus mehreren Tabellen abzufragen. In diesem Kapitel beschäftigen wir uns mit einer anderen Variante, den sog. Unterabfragen. Dabei kombiniert man eigentlich zwei Abfragen, in dem man von der einen Abfrage auf Ergebnisse der anderen Abfrage zurückgreift.

Verschachtelte Abfragen

Manchmal muss man bestimmte Dinge berechnen und dann mit dem Ergebnis weiterarbeiten. Dann kann man die Abfragen verschachteln, d.h. anstatt auf eine Tabelle zuzugreifen, greift man auf das Ergebnis einer anderen Abfrage zu. Im folgenden Beispiel werden zunächst die Anzahl Produkte je Produktgruppe berechnet, um dann die durchschnittliche Anzahl Produkte pro Produktgruppe insgesamt zu berechnen:

```
SELECT AVG(ANZAHL)
FROM (
        SELECT PRODUKT_GRUPPE_NR, Count(PRODUKT_NR) AS ANZAHL
        FROM TBL_PRODUKT
        GROUP BY PRODUKT_GRUPPE_NR
)
```

Ergebnis:

	AVG(ANZAHL)
1	3,2

Es wird zunächst das innere SQL ausgeführt mit folgendem Ergebnis:

	PRODUKT_GRUPPE_NR	ANZAHL
1	1	2
2	2	5
3	4	3
4	5	3
5	3	3

Dann werden in der übergeordneten Abfrage diese 5 Werte genommen und daraus ein Durchschnittswert berechnet.

Abfragen können somit auch anstelle von Tabellen verwendet werden. Man kann ihnen auch einen Alias zuweisen und mit anderen Abfragen oder Tabellen verjoinen. Dazu folgendes Beispiel: Es soll eine Liste sämtlicher Produkte mit ihren Gesamtumsätzen dargestellt werden. Dazu soll dann der jeweils zugehörige Produktgruppe-Umsatz berechnet werden und dann der Umsatzanteil eines jeden Produkts an seiner Produktgruppe berechnet werden.

```
SELECT produkte.*,
```

```
            prod_gruppe.UMSATZ_PG,
            round(produkte.UMSATZ/prod_gruppe.UMSATZ_PG*100,1) AS ANTEIL

FROM (
        SELECT p.PRODUKT_NR,
                p.BEZEICHNUNG AS PROD_BEZ,
                p.PRODUKT_GRUPPE_NR AS PG_NR,
                SUM(bp.ANZAHL*p.PREIS) AS UMSATZ
        FROM TBL_BESTELLUNG_POS bp
            JOIN TBL_PRODUKT p ON bp.PRODUKT_NR=p.PRODUKT_NR
        GROUP BY p.PRODUKT_NR, p.BEZEICHNUNG, p.PRODUKT_GRUPPE_NR
    ) produkte

JOIN (
        SELECT p.PRODUKT_GRUPPE_NR,
                SUM(bp.ANZAHL*p.PREIS) AS UMSATZ_PG
        FROM TBL_BESTELLUNG_POS bp
            JOIN TBL_PRODUKT p ON bp.PRODUKT_NR=p.PRODUKT_NR
        GROUP BY  p.PRODUKT_GRUPPE_NR
    ) prod_gruppe

ON produkte.PG_NR=prod_gruppe.PRODUKT_GRUPPE_NR

ORDER BY 3, 1;
```

Ergebnis:

Abfrageergebnis ✕

SQL | Alle Zeilen abgerufen: 15 in 0,017 Sekunden

	PRODUKT_NR	PROD_BEZ	PG_NR	UMSATZ	UMSATZ_PG	ANTEIL
1	1	Rumpsteak	1	4546,15	7850,1	57,9
2	2	Grillteller	1	3303,95	7850,1	42,1
3	3	Pizza Salami	2	1181,6	6603,1	17,9
4	4	Pizza Hawai	2	1250,5	6603,1	18,9
5	5	Pizza Thunfisch	2	1195,6	6603,1	18,1
6	6	Pizza Spezial	2	1612,4	6603,1	24,4
7	7	Pizza Vital	2	1363	6603,1	20,6
8	8	Spagetti Bolognese	3	873	2808	31,1
9	9	Lasagne	3	873	2808	31,1
10	10	Tagliatelle Carbonara	3	1062	2808	37,8
11	11	Gala 0 221	4	249 25	1300 25	26 6

In diesem Beispiel haben wir zwei Unterabfragen. Die gelbe für sich genommen, berechnet die Umsätze pro Produkt. Die blaue berechnet die Umsätze pro Produktgruppe. In der gelben Abfrage haben wir noch die Produktgruppen-Nr, damit wir später über diese die beiden Abfragen miteinander verknüpfen können.

Jede dieser beiden Unterabfragen ist für sich alleine schon lauffähig und wird dann anstelle von Tabellen in der Hauptabfrage verwendet. Beide Unterabfragen werden mittels Klammern (.....) in die Hauptabfrage eingebunden und bekommen einen entsprechenden Alias-Namen zugeordnet. Bei Unterabfragen muss ich auch immer einen Alias-Namen verwenden, weil diese natürlich im System erstmal keinen Namen haben (im Gegensatz zu Tabellen, die alle einen eindeutigen Namen in der Datenbank haben). Die Verknpüfung erfolgt so, als wenn ich zwei Tabellen miteinander verknüpfen würde. Insofern gebe ich in der ON Klausel die Verknüpfungsspalten aus beiden Unterabfragen an. Die Datenbank guckt jetzt also für jeden Datensatz aus der Produkt-Unterabfrage (d.h. ein Datensatz pro Produkt), ob es einen entsprechenden Datensatz in der Produktgruppen-Unterabfrage gibt und ordnet diesen ggf. zu. Damit haben wir die Produktgruppenumsätze den jeweiligen Produkten zugeordnet und können jetzt auch den Anteil entsprechend berechnen.

Zusammenfassend lässt sich sagen, dass man anstelle von Tabellen auch Abfragen in Abfragen verwenden kann. Die Spalten aus dem SELECT der Unterabfrage entsprechen dann den Spalten in Tabellen. Ich kann diese dann für Verknüpfungen, Filter und Berechnungen benutzen als wenn die Abfrage eine Tabelle wäre. Dazu jetzt eine kleine Übung.

Übung 1: Erstellen Sie eine Liste aller Kunden mit ihrem insgesamt getätigten Umsatz. Berechnen Sie den Umsatz-Anteil eines jeden Kunden am Umsatz seines Wohnortes.

Übung 2: Erstellen Sie eine Abfrage, die pro Produktgruppe den durchschnittlichen Produktpreis ermittelt. Verknüpfen Sie diese Abfrage nun so mit der Produkt-Tabelle, dass nur noch Produkte angezeigt werden, deren Preise über dem Durchschnittspreis ihrer Produktgruppe liegen.

Unterabfragen und der IN Operator

Wir wollen nun die Produktgruppen auflisten, die keinem Produkt zugeordnet sind. Das können wir entweder mit einem Outer-Join Konstrukt machen (wie in Kapitel 5) oder eben mit einer Unterabfrage:

```
SELECT PRODUKTGRUPPE_NR AS NR, BEZEICHNUNG AS GRUPPE
FROM TBL_PRODUKTGRUPPE
WHERE PRODUKTGRUPPE_NR NOT IN (
        SELECT DISTINCT PRODUKTGRUPPE_NR
        FROM TBL_PRODUKT
)
```

Ergebnis:

NR	GRUPPE
1	6 Sonstige

Wie wir sehen können, besteht das SQL oben eigentlich aus 2 SQLs. Das eingerückte Statement innerhalb des IN Operators gibt eine Liste der verwendeten Produktgruppen-Nummern in der Produkt-Tabelle zurück. Dieses Ergebnis wird dann als Inhalt der Liste innerhalb des IN Statements verwendet. Es werden also die Produktgruppen ausgegeben, deren Nummer nicht in der zurückgegebenen Liste des 2. SQLs vorhanden sind.

Es können auch komplexere SQLs als Ausdruck innerhalb des IN-Operators verwendet werden. Wichtig ist nur, dass diese nur eine Spalte im SELECT haben können.

Übung 3: Welche Bestellungen (Bestellung-Nr.) beinhalten Produkte, deren Preis > 8€ ist. Benutzen Sie Unterabfragen.

Übung 4: Welche Bestellungen (Bestellung-Nr.) beinhalten Produkte aus Produktgruppen, deren Durchschnittspreis > 6€ ist?

Unterabfragen in der WHERE Klausel

Manchmal möchte man einen bestimmten Wert berechnen und diesen als Vergleichswert in Filtern verwenden. Z.B. möchte man alle Produkte auflisten, die teurer als der Durchschnittspreis aller Produkte ist. Dazu muss man in einer Unterabfrage, den Durchschnittspreis aller Produkte berechnen und die Preise der Preistabelle mit diesem vergleichen:

```
SELECT PRODUKT_NR, BEZEICHNUNG, PREIS
FROM TBL_PRODUKT
WHERE PREIS>= (
        SELECT AVG(PREIS)
        FROM TBL_PRODUKT
)
```

Ergebnis:

⑂ PRODUKT_NR	⑂ BEZEICHNUNG	⑂ PREIS
1	1 Rumpsteak	20,95
2	2 Grillteller	14,95
3	6 Pizza Spezial	6,95

Da der Durchschnittspreis über alle Produkte 6.18 beträgt, sind die drei Ergebnisprodukte diejenigen, welche teurer als der Durchschnitt sind. Wichtig bei dieser Art von Unterabfragen ist, dass nur ein einziger Wert zurückgeliefert werden darf. Das ist auch logisch, denn wenn mehrere zurückgeliefert würden, mit welchem soll die Datenbank dann vergleichen?

Übung 5: Welche Mitarbeiter verdienen weniger als 75% des durchschnittlichen Gehalts?

Verknüpfung einer Unterabfrage mit der Hauptabfrage

In Übung 2 sollte der Durchschnittspreis pro Produktgruppe angezeigt werden und das Ergebnis mit der Produkttabelle verknüpft werden, so dass nur noch Produkte angezeigt werden, deren Preis größer oder gleich dem Durchschnittspreis ihrer Produktgruppe sind. Das kann man auch mit einer Unterabfrage, die in einen Filter eingebunden ist, lösen:

```
SELECT grp.BEZEICHNUNG AS GRUPPE,
        PRODUKT_NR AS NR,
        p_main.BEZEICHNUNG AS PRODUKT,
```

```
            PREIS,
         (
                SELECT round(AVG(PREIS), 2)
                FROM TBL_PRODUKT p_sub
                WHERE p_sub PRODUKTGRUPPE_NR=p_main PRODUKTGRUPPE_NR
         ) AS  GRP_AVG

FROM TBL_PRODUKT p_main
      JOIN TBL_PRODUKTGRUPPE grp
      ON p_main.PRODUKTGRUPPE_NR=grp.PRODUKTGRUPPE_NR

WHERE p_main.PREIS>=(

      SELECT AVG(PREIS)
      FROM TBL_PRODUKT p_sub
      WHERE p_sub PRODUKTGRUPPE_NR=p_main PRODUKTGRUPPE_NR
)
```

Ergebnis:

GRUPPE	NR	PRODUKT	PREIS	GRP_AVG
1 Fleischgerichte	1 Rumpsteak		20,95	17,95
2 Pizzen	6 Pizza Spezial		6,95	6,11
3 Pasta	8 Spagetti Bolognese		4,5	4,5
4 Pasta	9 Lasagne		4,5	4,5
5 Pasta	10 Tagliatelle Carbonara		4,5	4,5
6 Getränke	12 Bier Holsten 0,5l		2	1,92
7 Getränke	13 Wasser 1,5l Kohlensäure		2	1,92
8 Desserts	15 Tiramisu		4	3,5

In dieser Abfrage haben wir viele der bisher gelernten Techniken (Joins, Gruppierung, SubQuery) miteinander kombiniert. Bei der Unterabfrage haben wir etwas Neues. Diese soll den Durchschnittswert für eine bestimmte Produktgruppe liefern. Dazu gibt es einen Filter auf die Produktgruppe. Dieser wird anhand der Produktgruppe der übergeordneten Abfrage gesetzt. Oracle läuft also die Datensätze der Produkttabelle in der übergeordneten Abfrage durch und führt für jeden einzelnen Datensatz jeweils die Unterabfrage aus. Dabei wird der jeweilige Wert der Produktgruppe der übergeordneten Abfrage als Filterkriterium in der Unterabfrage verwendet.

Übung 6: Erstellen Sie eine Liste mit den Mitarbeitern, die 20% mehr als der Durchschnitt ihres Typs (Fahrer, Verkäufer, ...) verdienen. (Hinweis: d.h. es sollen drei Durchschnittsgehälter (pro Typ eins) berechnet werden und entsprechend des Mitarbeiter-Typs verglichen werden.)

Unterabfragen mit EXISTS Operator

Der EXISTS Operator prüft, ob ein gültiger Wert für einen bestimmten Datensatz existiert. Dazu muss die Hauptabfrage mit der Unterabfrage verknüpft werden:

```
SELECT *
FROM TBL_PRODUKTGRUPPE grp
WHERE NOT EXISTS (
```

```
        SELECT 1
        FROM TBL_PRODUKT prd
        WHERE prd.PRODUKT_GRUPPE_NR=grp.PRODUKT_GRUPPE_NR
)
```

Ergebnis:

PRODUKT_GRUPPE_NR	BEZEICHNUNG
1	6 Sonstige

Für jeden Datensatz der Hauptabfrage wird die Unterabfrage ausgeführt und dabei jeweils auf die Produktgruppen-Nr der Hauptabfrage gefiltert. Wenn es Produkte zu dieser Gruppe gibt, liefert die Unterabfrage Werte zurück und somit gäbe der EXISTS-Operator „WAHR" zurück und der jeweilige Datensatz würde in der Ergebnismenge landen. Wir benutzen in diesem Fall NOT EXISTS, um diejenigen Datensätze rauszufinden bei denen es kein Ergebnis in der Unterabfrage und somit auch keine Verwendung dieser Produktgruppe in den Produkten gibt.

Unterabfragen in DML Operationen

Unterabfragen können ebenfalls in INSERT, UPDATE und DELETE Statements verwendet werden. Dazu betrachten wir in diesem Abschnitt jeweils ein Beispiel.

Manchmal möchte man z.B. eine Tabelle anlegen und die Daten bekommt man mittels SELECT aus einer anderen Tabelle. Wir legen uns als erstes Mal eine Test-Tabelle an:

```
CREATE TABLE TBL_KUNDE_TEST AS
SELECT *
FROM TBL_KUNDE;
```

Durch dieses Statement legen wir die Tabelle TBL_KUNDEN_TEST an in der Struktur, die aus der SQL Abfrage resultiert. In diesem Fall haben wir alle Felder der Tabelle TBL_KUNDEN gewählt und somit ist TBL_KUNDEN_TEST strukturgleich mit TBL_KUNDEN. Außerdem werden die Daten, die in der SQL Anweisung geliefert werden, in die neue Tabelle geschrieben. Wir benötigen kein COMMIT, da es sich um einen DDL Befehl handelt. Dieses stellt eine einfache Möglichkeit dar, eine Tabelle mit Inhalt zu kopieren. Wenn man nur die Struktur haben möchte, könnte man noch eine Bedinung einbauen, z.B: WHERE 1=2. Diese Bedingung ist für keinen Datensatz erfüllt und somit werden auch keinerlei Daten kopiert.

Wir löschen jetzt die Tabelle und fügen für alle Kunden, die Felder KUNDE_NR, VORNAME und NACHNAME in die neue Tabelle ein.

```
TRUNCATE TABLE TBL_KUNDE_TEST;

INSERT INTO TBL_KUNDE_TEST (KUNDE_NR, VORNAME, NACHNAME)
SELECT KUNDE_NR, VORNAME, NACHNAME
FROM TBL_KUNDE;

COMMIT;
```

Das INSERT INTO Statement hat dieselbe Struktur wie sonst auch, außer dass es statt der VALUES Klausel ein SQL Statement gibt. Dort kann man auch beliebig komplexe SQL Statements verwenden, sie müssen nur die gleiche Struktur (d.h. gleiche Anzahl Felder und gleiche Datentypen) haben.

Nun löschen wir zwei Kunden und fügen dann mit einem etwas komplexeren SQL nur die fehlenden zwei Kunden erneut ein. Das kann man mit Hilfe einer Unterabfrage lösen:

```
DELETE TBL_KUNDE_TEST
WHERE KUNDE_NR IN(5,6,7);

COMMIT;

INSERT INTO TBL_KUNDE_TEST
SELECT *
FROM TBL_KUNDE kunde_alt
WHERE NOT EXISTS (
        SELECT 1
        FROM TBL_KUNDE_TEST kunde_neu
        WHERE kunde_neu.KUNDE_NR=kunde_alt.KUNDE_NR
);

COMMIT;
```

Wir prüfen mittels einfachem SELECT *, ob jetzt auch wieder alle Datensätze vorhanden sind. Man erkennt die zuletzt eingefügten Datensätze daran, dass dort alle Felder gefüllt sind. Dazu werden in dem letzten SQL alle Datensätze aus TBL_KUNDE selektiert. Für jeden wird geprüft, ob die Kunden-NR in der Tabelle TBL_KUNDE_TEST vorhanden ist. Falls dieses nicht der Fall ist, wird der Datensatz in die Ergebnismenge übernommen. Falls er schon vorhanden ist, wird er nicht in die Ergebnismenge übernommen. Die Ergebnismenge wird dann per INSERT INTO in die Tabelle geschrieben.

Man kann auch das UPDATE Statement mit Unterabfragen erweitern:

```
UPDATE TBL_KUNDE_TEST kunde_neu
SET GESCHLECHT=(
        SELECT UPPER(GESCHLECHT)
        FROM TBL_KUNDE kunde_alt
        WHERE kunde_alt.KUNDE_NR=kunde_neu.KUNDE_NR
);

COMMIT;
```

In diesem Beispiel sind wir jetzt alle sieben Datensätze der neuen Tabelle TBL_KUNDE_TEST durchgegangen und haben uns per Unterabfrage für jeden dieser Datensätze den entsprechenden (anhand der Kunden-Nr.) aus der Tabelle TBL_KUNDE selektiert und das Feld GESCHLECHT zurückgeliefert. Dabei haben wir alle Werte in Großbuchstaben umgewandelt. Beim UPDATE muss man darauf achten, dass die Unterabfrage nur einen Wert zurückliefert. Ansonsten bekommt man entsprechende Fehlermeldungen.

Auch beim DELETE kann man mit Unterabfragen arbeiten. Auch dazu ein kleines Beispiel. Allerdings erstellen wir uns zunächst eine Kopie der Produkt-Tabelle und löschen dann in dieser:

```
CREATE TABLE TBL_PRODUKT_TEST AS
SELECT *
FROM TBL_PRODUKT;

DELETE TBL_PRODUKT
WHERE PRODUKT_NR NOT IN(
      SELECT PRODUKT_NR
      FROM TBL_BESTELLUNG_POS
);

COMMIT;
```

Hier verwenden wir dieses Mal den IN Operator und löschen alle Produkte, die nicht in der Tabelle TBL_BESTELLUNG_POS vorhanden sind.

Übung 7: Um Auswertungen in Zukunft zu vereinfachen, soll eine spezielle Tabelle erstellt werden, in der pro Verkäufer Umsätze und Provisionen abgelegt werden sollen. Die Tabelle soll aus vier Spalten bestehen (MITARBEITER_NR, MONAT, UMSATZ, PROVISION):

1. Erstellen Sie zunächst eine entsprechende Tabelle (TBL_PROV_VERTRIEB)
2. Befüllen Sie im ersten Schritt die Felder MITARBEITER_NR, MONAT und UMSATZ per INSERT für alle MITARBEITER
3. UPDATEn Sie die Spalte Provision

TOP-N Abfragen

Oftmals gibt es in der Praxis die Anforderung, einen TOP-N-Bericht zu erstellen. Z.B. einen Bericht mit den drei Top-Produkten nach Umsatz. Bisher können wir schon die Umsätze pro Produkt berechnen und auch absteigend sortieren. Was uns noch fehlt ist eine Möglichkeit, um jetzt die drei ersten Zeilen zu selektieren, eine Art Nummerierung.

Dazu kann die Pseudospalte ROWNUM verwendet werden. Mit dieser erhält man eine Zeilennummerierung aus einer Tabelle bzw. Unterabfrage. Dazu ein kleines Beispiel, in welchem man die Kunden nach Alter sortiert und dann nur die 3 ältesten Kunden anzeigt:

```
SELECT *
FROM (
    SELECT KUNDE_NR, VORNAME, NACHNAME, GEBURSTAG
    FROM TBL_KUNDE
    ORDER BY 4 ASC
)
WHERE ROWNUM<=3
```

Ergebnis:

	KUNDE_NR	VORNAME	NACHNAME	GEBURSTAG
1	4	Hubertus	Meyer-Huber	15.07.58 00:00:00
2	5	Hanna	von Bergmann	17.09.65 00:00:00
3	7	Fabian	Lindemann	01.09.73 00:00:00

Aufgaben

1) Zeigen Sie diejenigen Bestellungen an, die über dem durchschnittlichen Umsatz über alle Bestellungen liegen. Gehen Sie wie folgt vor:
   a) Berechnen Sie den durchschnittlichen Umsatz über alle Bestellungen (nicht Bestellungsposition)
   b) Verwenden Sie das Ergebnis aus a) um die gesamte Liste zu erstellen

2) Erstellen Sie eine Liste mit den Umsätzen pro Tag für das 1. Quartal 2013. Zeigen Sie weiterhin pro Tage den Umsatzanteil am Monat an. Verwenden Sie Unterabfragen!

3) Berechnen Sie den Umsatzanteil pro Stadt am Gesamtumsatz.

4) Aus welcher Produktgruppe wurde noch nie ein Produkt bestellt? Lösen Sie diese Aufgabe mit Hilfe einer Unterabfrage.

5) Welche Kunden haben insgesamt mehr Umsatz gemacht als 66% des Umsatzes des Kunden mit dem Maximalumsatz?

6)
   a) Erstellen Sie eine Kopie der Tabelle TBL_PRODUKT ohne Daten. Fügen Sie nur diejenigen Produkte ein, die preislich über dem Durchschnittspreis aller Produkte liegen.
   b) Ergänzen Sie in der in a) erstellen Tabelle die Spalte AVG_PREIS_GRUPPE vom TYP NUMBER(10,2) und befüllen Sie dieses mit dem Durchschnittspreis der Gruppe des jeweiligen Preises.

7) Erstellen Sie eine Liste der TOP-3 Produkte.

8) Erstellen Sie eine Liste der Fahrer und weisen Sie in separaten Spalten die Anzahl der gelieferten Bestellungen für die Monate April und Mai 2013 aus und berechnen Sie die Abweichung zwischen diesen beiden Monaten.

9) Erstellen Sie eine Liste der Städte mit ihrem jeweiligen Flop-Produkt.

8   Mengenoperationen

Jede SQL Abfrage liefert in der Regel eine Ergebnismenge aus Datensätzen zurück. Es gibt in jeder relationalen Datenbank sog. Mengen-Operationen, mit denen man aus der Algebra bekannte Mengen (Vereinigung, Schnittmenge, Differenzmenge) bilden kann. Diese Mengen-Operatoren wollen wir in diesem Kapitel näher betrachten.

Vereinigungsmenge (UNION und UNION ALL)

Mit UNION kann die Vereinigungsmenge gebildet werden, d.h. Alle Datensätze aus Abfrage 1 plus alle Datensätze aus Abfrage 2. Abfrage 1 und 2 müssen dabei von der Struktur (d.h. Anzahl Spalten und Datentypen der Spalten) identisch sein, ansonsten erhält man eine Fehlermeldung.

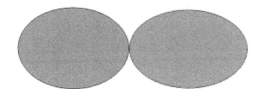

Abb.14: Vereinigungsmenge (UNION ALL)

Die Vereinigungsmenge mittels UNION ALL ist der blaue Kreis plus der grüne Kreis. Falls es Duplikate geben sollte, bleiben diese in der Ergebnismenge vorhanden.

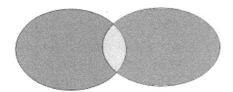

Abb.15: Vereinigungsmenge (UNION)

Die Vereinigungsmenge mittels UNION ist der blaue Kreis plus der grüne Kreis plus die orange Menge. Falls es Duplikate geben sollte, werden diese eliminiert, sodass diese Datensätze nur einmal in der Ergebnismenge vorhanden sind. Diese werden durch die orange Fläche dargestellt.

Anhand des folgenden Beispiels wollen wir uns einmal die genaue Syntax anschauen:

```
SELECT KUNDE_NR, VORNAME, NACHNAME, 1 AS ABFRAGE
FROM TBL_KUNDE
WHERE ORT='Hamburg'

UNION

SELECT KUNDE_NR, VORNAME, NACHNAME, 2 AS ABFRAGE
```

```
FROM TBL_KUNDE
WHERE ORT<>'Hamburg'
```

Ergebnis:

⇕ KUNDE_NR	⇕ VORNAME	⇕ NACHNAME	⇕ ABFRAGE
1	1 Horst	Huber	1
2	2 Erika	Schmidt	1
3	3 Bert	Müller	1
4	4 Hubertus	Meyer-Huber	2
5	5 Hanna	von Bergmann	2
6	6 Tobias	Maier	2
7	7 Fabian	Lindemann	2

Wir haben in dem oberen Beispiel zwei kleine Abfragen gebaut, die eine liefert und KUNDE_NR, VORNAME und NACHNAME aller Hamburger Kunden, die zweite alle anderen Kunden. Wir haben noch eine zusätzliche Spalte ergänzt, mit dem Wert 1 für alle Datensätze in Abfrage 1 und einer 2 für die aus Abfrage 2. Wie man sofort sieht, ist die Ergebnismenge gleich der Datensätze aus Abfrage 1 plus Datensätze aus Abfrage 2.

Durch den UNION wird die Vereinigungsmenge gebildet und doppelte Datensätze werden entfernt. Im obigen Beispiel liefern die beiden Abfragen disjunkte Mengen (d.h. kein Datensatz in Abfrage 1 ist in Abfrage 2 vorhanden und umgekehrt), insofern fallen keine Datensätze weg.

Im Gegensatz dazu behält UNION ALL die doppelten Datensätze bei. Unser zweites Beispiel soll den Unterschied zwischen UNION und UNION ALL verdeutlichen:

```
SELECT KUNDE_NR, VORNAME, NACHNAME
FROM TBL_KUNDE
WHERE KUNDE_NR IN(1,2)

UNION

SELECT KUNDE_NR, VORNAME, NACHNAME
FROM TBL_KUNDE
WHERE KUNDE_NR IN(2,3)
```

Ergebnis:

⇕ KUNDE_NR	⇕ VORNAME	⇕ NACHNAME
1	1 Horst	Huber
2	2 Erika	Schmidt
3	3 Bert	Müller

Wie wir sehen, ist der Kunde Nr. 2 nur einmal in der Ergebnismenge vorhanden, obwohl er in beiden Unterabfragen vorhanden ist. Die Spalte mit der Nr. der Abfrage mussten wir entfernen, damit der UNION Operator richtig funktioniert für unser Beispiel. Wir tauschen nun UNION gegen UNION ALL und erhalten folgendes Ergebnis:

Ergebnis:

KUNDE_NR	VORNAME	NACHNAME
1	1 Horst	Huber
2	2 Erika	Schmidt
3	2 Erika	Schmidt
4	3 Bert	Müller

Jetzt ist der Kunde Nr. 2 zweimal in der Ergebnismenge vorhanden. Und zwar 1x aus Abfrage 1 und 1x aus Abfrage 2.

Übung 1: Erstellen Sie eine Liste mit den 2 am besten und den 2 am schlechtesten verkauften Produkten im Sortiment. Kennzeichnen Sie diese mit TOP bzw. FLOP und stellen Sie für jedes Produkt die Nummer, Bezeichnung und Umsatz dar.

Schnittmengen (INTERSECT)

Bei der INTERSECT Operation werden die Datensätze in die Ergebnismenge geschrieben, die sowohl in Abfrage 1 als auch in Abfrage 2 vorhanden sind. Folgende Grafik soll die Schnittmenge verdeutlichen. Diese wird durch die orange Fläche dargestellt:

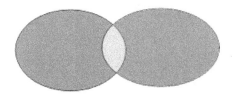

Abb.16: Schnittmenge (INTERSECT)

Bezüglich der Struktur gilt dasselbe wie beim UNION - sie muss gleich sein. Wir nehmen die Letzte Abfrage aus dem UNION Abschnitt und ersetzen das UNION ALL durch INTERSECT:

```
SELECT KUNDE_NR, VORNAME, NACHNAME
FROM TBL_KUNDE
WHERE KUNDE_NR IN(1,2)


INTERSECT


SELECT KUNDE_NR, VORNAME, NACHNAME
FROM TBL_KUNDE
WHERE KUNDE_NR IN(2,3)
```

Ergebnis:

KUNDE_NR	VORNAME	NACHNAME
1	2 Erika	Schmidt

Als Ergebnis wird Kunde Nr. 2 zurückgeliefert, da er bzw. sie in beiden Unterabfragen vorhanden ist. Die Kunden Nr. 1 + 3 tauchen nur jeweils 1x in einer der beiden Abfragen auf und werden somit aus der Ergebnismenge entfernt.

Übung 2: Welche Produkte (Nr, Bezeichnung) wurden sowohl von Kundinnen als auch von Kunden gekauft? Lösen Sie diese Fragestellung mit Hilfe von Mengenoperatoren.

Differenzmenge (MINUS)

Mit Hilfe des MINUS-Operators können relativ leicht Unterschiede in zwei Abfrageergebnissen festgestellt werden.

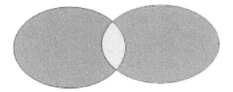

Abb.17: Differenzmenge (MINUS)

Wir nehmen an, dass wir blaue Abfrage MINUS grüne Abfrage durchführen. Das Ergebnis ist dann nur die blaue Fläche. Der orange Teil und die grüne Fläche fallen aus der Ergebnismenge raus.

Dazu jetzt ein Beispiel:

```
SELECT KUNDE_NR, VORNAME, NACHNAME
FROM TBL_KUNDE
WHERE KUNDE_NR IN(1,2)

MINUS

SELECT KUNDE_NR, VORNAME, NACHNAME
FROM TBL_KUNDE
WHERE KUNDE_NR IN(2,3)
```

Ergebnis:

KUNDE_NR	VORNAME	NACHNAME
1	1 Horst	Huber

Es wird also die Ergebnismenge der 1. Abfrage genommen und die der zweiten Abfrage abgezogen. Somit fällt der Kunde Nr. 2 raus, da dieser in beiden Ergebnismengen vorhanden ist. Der Kunde Nr. 3 ist in Abfrage 1 nicht vorhanden und wird somit nicht weiter betrachtet.

Übung 3: Erstellen Sie eine Liste mit Produkten (Nr. + Bezeichnung), die noch nie verkauft wurden und verwenden Sie dafür Mengenoperatoren.

Aufgaben

1) Stellen Sie das Top-Produkt der Kunden aus Hamburg und das Top-Produkt der Kunden aus Kiel mit ihren Umsätzen in einer Abfrage dar.

2) Welche Stadt ist sowohl gemäß Anzahl an Bestellungen als auch nach Umsatz jeweils unter den beiden besten Städten?

3) Fügen Sie in die Tabelle TBL_PRODUKT_TEST (erstellt in Kapitel 7, Aufgabe 8) die fehlenden Produkte ein. Füllen Sie die Spalte AVG_PREIS_GRUPPE mit null. Benutzen Sie für diese Aufgabe geeignete Mengenoperatoren.

4) Erstellen Sie eine Liste mit Umsatz pro Produkt, pro Produktgruppe und Gesamtumsatz. Dabei sollen erst die Umsätze der Produkte der 1. Gruppe angezeigt werden, dann der Umsatz der Produktgruppe 1, dann die Umsätze der Produkte der 2. Gruppe, Gesamtumsatz der Produktgruppe 2, usw. Die letzte Zeile soll dann der Gesamtumsatz sein.

9   Analytische Funktionen

Grundlegende Struktur

Dieses Kapitel behandelt die sog. analytischen Funktionen, die es ermöglichen dynamische Aggregate zu berechnen. Wir nehmen ein einfaches Beispiel. Und zwar möchten wir eine Liste erzeugen, die für das Jahr 2014 die Umsätze pro Produkt darstellt. Darüber hinaus möchten wir den Anteil am Gesamtumsatz berechnen. Mit den bisherigen Mitteln müssten wir zwei Unterabfragen entwickeln, eine für die Produktumsätze und eine für den Gesamtumsatz, da es sich jeweils um unterschiedliche Gruppierungsebenen handelt. Diese beiden Unterabfragen müssen dann mittels Kreuzprodukt miteinander verbunden werden und in der Hauptabfrage kann dann der Umsatzanteil berechnet werden. Das Ganze könnte dann folgendermaßen aussehen:

```
SELECT  p.PRODUKT_NR,
        p.BEZEICHNUNG,
        ges.UMSATZ_GES,
        SUM(bp.ANZAHL*p.PREIS) AS UMSATZ_PROD,
        round(SUM(bp.ANZAHL*p.PREIS)/ges.UMSATZ_GES*100,1) AS ANTEIL

FROM TBL_PRODUKT p
JOIN TBL_BESTELLUNG_POS bp ON p.PRODUKT_NR=bp.PRODUKT_NR
CROSS JOIN (
        SELECT SUM(bp.ANZAHL*p.PREIS) AS UMSATZ_GES
        FROM TBL_PRODUKT p
            JOIN TBL_BESTELLUNG_POS bp ON p.PRODUKT_NR=bp.PRODUKT_NR
        ) ges

GROUP BY p.PRODUKT_NR,
         p.BEZEICHNUNG,
         ges.UMSATZ_GES

ORDER BY ANTEIL DESC
```

Ergebnis:

	PRODUKT_NR	BEZEICHNUNG	UMSATZ_PROD	UMSATZ_GES	ANTEIL
1	1	Rumpsteak	4546,15	20097,45	22,6
2	2	Grillteller	3303,95	20097,45	16,4
3	6	Pizza Spezial	1612,4	20097,45	8
4	7	Pizza Vital	1363	20097,45	6,8
5	4	Pizza Hawai	1250,5	20097,45	6,2
6	5	Pizza Thunfisch	1195,6	20097,45	5,9
7	3	Pizza Salami	1181,6	20097,45	5,9
8	10	Tagliatelle Carbonara	1062	20097,45	5,3
9	9	Lasagne	873	20097,45	4,3
10	8	Spagetti Bolognese	873	20097,45	4,3

Mit Hilfe der analytischen Funktionen kann man das Ganze etwas einfacher gestalten. Und zwar folgendermaßen:

```
SELECT DISTINCT
     p.PRODUKT_NR,
     p.BEZEICHNUNG,

     SUM(bp.ANZAHL*p.PREIS) OVER( PARTITION BY p.PRODUKT_NR) AS UMSATZ_PRD,
     SUM(bp.ANZAHL*p.PREIS) OVER() AS UMSATZ_GES,

     round(SUM(bp.ANZAHL*p.PREIS) OVER( PARTITION BY p.PRODUKT_NR)/
     SUM(bp.ANZAHL*p.PREIS) OVER()*100,1) AS UMSATZ_ANTEIL

FROM TBL_PRODUKT p
     JOIN TBL_BESTELLUNG_POS bp ON p.PRODUKT_NR=bp.PRODUKT_NR

ORDER BY UMSATZ_ANTEIL DESC
```

Ergebnis:

Abfrageergebnis ×

SQL | Alle Zeilen abgerufen: 15 in 0,012 Sekunden

	PRODUKT_NR	BEZEICHNUNG	UMSATZ_PRD	UMSATZ_GES	UMSATZ_ANTEIL
1	1	Rumpsteak	4546,15	20097,45	22,6
2	2	Grillteller	3303,95	20097,45	16,4
3	6	Pizza Spezial	1612,4	20097,45	8
4	7	Pizza Vital	1363	20097,45	6,8
5	4	Pizza Hawai	1250,5	20097,45	6,2
6	3	Pizza Salami	1181,6	20097,45	5,9
7	5	Pizza Thunfisch	1195,6	20097,45	5,9
8	10	Tagliatelle Carbonara	1062	20097,45	5,3
9	9	Lasagne	873	20097,45	4,3
10	8	Spagetti Bolognese	873	20097,45	4,3
11					

Die Ergebnisse beider Abfragen sind identisch. Ansonsten ist die zweite Abfrage deutlich kompakter und übersichtlicher. Wenn man sich die Ausführungspläne in der Datenbank anguckt, sieht man, dass bei dem zweiten Statement nur einmal auf beide Tabellen zugegriffen werden muss. Bei dem ersten Statement jeweils zweimal (1x bei der Berechnung der Gesamt-Summe und 1x bei der Berechnung der Produkt-Summen). Abfragen mit analytischen Funktionen können also deutlich performanter sein. Kommen wir nun zu den einzelnen Elementen. Die Grundlegende Struktur für eine analytische Funktion sieht folgendermaßen aus:

```
<Funktion> OVER( PARTITIONY BY <Spalte1>, <Spalte2>, ....)
```

Es können diverse Funktionen verwendet werden. Zunächst einmal können sämtliche Aggregatsfunktionen *(SUM, Count, MIN, MAX, ...)* auch als analytische Funktion verwendet werden. Darüber hinaus gibt es noch zahlreiche weitere Funktionen, die wir im weiteren Verlauf noch kennen lernen werden. Mit Hilfe des Schlüsselworts *OVER(....)* wird festgelegt, dass es sich um eine analytische Funktion handeln soll. Innerhalb der Klammern kann dann noch das Schlüsselwort **PARTITION BY** gefolgt von 1..n Spalten angegeben werden. Dadurch wird für diese Berechnung die Gruppierungsebene definiert. Wird es weggelassen, berechnet man sozusagen eine Gesamtsumme über alle Datensätze.

Bezogen auf das obige Beispiel bedeutet das, dass wir zwei analytische Funktionen definiert haben. Eine, um den Gesamtumsatz zu berechnen. Dort fehlt innerhalb der OVER Klausel die Definition einer Gruppierung. Die zweite Berechnung arbeitet mit einer Gruppierung nach der PRODUKT_NR. Somit wird jeweils eine Summe pro Produkt-Nr berechnet. Mit PARTITION BY wird zwar die Gruppierung für eine bestimmte Berechnung definiert, nicht jedoch für die gesamte Abfrage. In dem obigen Beispiel wurde das Schlüsselwort DISTINCT verwendet, damit man pro Produkt nur noch eine Zeile erhält. Es wurden somit die Duplikate ausgeschlossen.

Man kann mit den analytischen Funktionen auch weiterrechnen, wie das Beispiel der Berechnung des Umsatzanteils demonstriert. Dazu verwendet man einfach die Ausdrücke der analytischen Funktionen in den weitergehenden Berechnungen. Man kann in der gleichen Abfrage nicht auf den Spalten-Alias zugreifen, um die Berechnungen übersichtlicher zu gestalten.

Übung 1: Erstellen Sie eine Liste der Monate in 2013 und berechnen Sie den Monatsumsatz mit Hilfe einer analytischen Funktion.

Übung 2: Erstellen Sie eine Abfrage, die den Produktumsatz für jedes Produkt im 2. Quartal 2013 berechnet und den zugehörigen Produktgruppen-Umsatz. Berechnen Sie den Anteil des Produktumsatzes am Produktgruppenumsatz.

Übung 3: Erstellen Sie eine Liste der Monate für das 1. Quartal 2013. Stellen Sie pro Monat den Umsatz dar. Dazu den Anteil am Quartalsumsatz und den größten und kleinsten Tagesumsatz innerhalb des jeweiligen Monats.

Innerhalb der OVER-Klausel kann noch die **ORDER BY** Klausel angegeben werden. Diese ist wichtig, wenn es sich um eine analytische Funktion handelt, bei der die Reihenfolge entscheidend ist. Das soll einmal an Beispiel der **ROW_NUMBER** Funktion dargestellt werden. Diese liefert die Nummer der Zeile zurück. Je nachdem wie ich die Zeilen sortiere, erhalten die Zeilen unterschiedliche Zeilennummern. Dazu das folgende Beispiel:

```
SELECT DISTINCT
      p.PRODUKT_NR,
      p.BEZEICHNUNG,

      Row_Number() Over( ORDER BY PRODUKT_NR DESC) AS RowNumber
FROM TBL_PRODUKT p
ORDER BY PRODUKT_NR ASC;
```

Ergebnis:

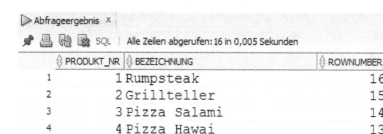

PRODUKT_NR	BEZEICHNUNG	ROWNUMBER
1	1 Rumpsteak	16
2	2 Grillteller	15
3	3 Pizza Salami	14
4	4 Pizza Hawai	13
5	5 Pizza Thunfisch	12
6	6 Pizza Spezial	11
7	7 Pizza Vital	10
8	8 Spagetti Bolognese	9
9	9 Lasagne	8
10	10 Tagliatelle Carbonara	7

Wie man sieht, wurde die Liste nach Produkt-Nr aufsteigend sortiert. Die Berechnung der Row-Number wurde dann aber auf Grundlage einer Sortierung nach Produkt-Nr absteigend durchgeführt.

Definition von Fenstern

Für Berechnungen mit analytischen Funktionen können sog. Fenster definiert werden, mit dem ein bestimmter Datensatzbereich um den aktuellen Datensatz herum für die Berechnung definiert wird.

Manchmal soll man z.B. kumulierte Umsätze berechnen, d.h. die Umsätze vom Jahresanfang bis zu einem bestimmten Monat. Also ist der kumulierte Umsatz im Mai die Summe der Umsatz von Januar bis Mai. Das kann man mit der Definition eines Fensters bewerkstelligen. Man definiert die Partition auf das Jahr, in der es 12 Monate gibt und definiert dann ein Fenster vom Beginn der Partition bis zum aktuellen Datensatz. Bei Fensterfunktionen ist die Sortierung relevant:

```
SELECT MONAT,
       UMSATZ,
       SUM(UMSATZ) OVER( PARTITION BY substr(MONAT,1,4)
                         ORDER BY MONAT
                         ROWS BETWEEN UNBOUNDED PRECEDING
                         AND CURRENT ROW
                         ) AS UMSATZ_KUM
FROM (
         SELECT to_char(b.BESTELL_DATUM,'YYYYMM') AS MONAT,
                SUM(bp.ANZAHL*p.PREIS) AS UMSATZ
         FROM TBL_BESTELLUNG b
           JOIN TBL_BESTELLUNG_POS bp ON b.BESTELLUNG_NR=bp.BESTELLUNG_NR
           JOIN TBL_PRODUKT p ON bp.PRODUKT_NR=p.PRODUKT_NR
         GROUP BY to_char(b.BESTELL_DATUM,'YYYYMM')
     ) ums
ORDER BY MONAT
```

Ergebnis:

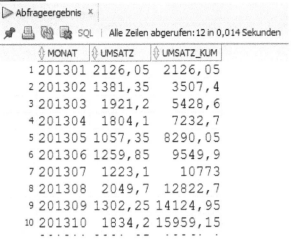

Der erste Teil ist uns bereit vertraut. Nach der Sortierung mittels ORDER BY kann man dann ein Fenster definieren. Die Definition wird mit **ROWS** eingeleitet. In diesem Fall soll es vom Anfang der Partition bis zur aktuellen Zeile lauten, also von **UNBOUNDED PRECEDING** bis **CURRENT ROW**. Anstelle von UNBOUNDED kann man auch eine konkrete Zahl eingeben. Dann beginnt das Fenster entsprechend viele Datensätze vor dem aktuellen.

Folgende Varianten zur Definition eines Fensters gibt es:

ROWS	[BETWEEN]	UNBOUNDED PRECEDING <Ausdruck> PRECEDING/FOLLOWING CURRENT ROW	[AND]	UNBOUNDED FOLLOWING <Ausdruck> PRECEDING/FOLLOWING CURRENT ROW

Dazu noch einmal ein Beispiel mit festen Offsets. Man kann damit z.B. auch die Umsatzwerte des Vormonats ermitteln oder des Vorjahresmonats:

```
SELECT MONAT,
       UMSATZ,
       SUM(UMSATZ) OVER( PARTITION BY substr(MONAT,1,4)
                         ORDER BY MONAT
                         ROWS BETWEEN 1 PRECEDING AND 1 PRECEDING)
                   AS UMS_VORMONAT
FROM (
       SELECT to_char(b.BESTELL_DATUM,'YYYYMM') AS MONAT,
              SUM(bp.ANZAHL*p.PREIS) AS UMSATZ
       FROM TBL_BESTELLUNG b
           JOIN TBL_BESTELLUNG_POS bp ON b.BESTELLUNG_NR=bp.BESTELLUNG_NR
           JOIN TBL_PRODUKT p ON bp.PRODUKT_NR=p.PRODUKT_NR
       GROUP BY to_char(b.BESTELL_DATUM,'YYYYMM')
     ) ums
ORDER BY MONAT;
```

Ergebnis:

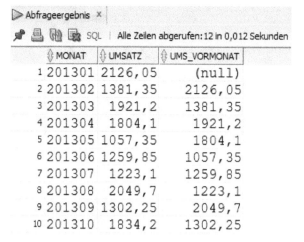

	MONAT	UMSATZ	UMS_VORMONAT
1	201301	2126,05	(null)
2	201302	1381,35	2126,05
3	201303	1921,2	1381,35
4	201304	1804,1	1921,2
5	201305	1057,35	1804,1
6	201306	1259,85	1057,35
7	201307	1223,1	1259,85
8	201308	2049,7	1223,1
9	201309	1302,25	2049,7
10	201310	1834,2	1302,25

Die Fensterdefinition mittels ROWS bezieht sich auf physische Datensätze. Das ist auch der Grund, weshalb in den beiden Beispielen zunächst in Unterabfragen die Monatsumsätze vorberechnet wurden. Das Ergebnis der Unterabfrage ist eine Liste mit einem Datensatz pro Monat. Wenn man das nicht machen würde, lägen die Umsätze auf Ebene der Bestellpositionen vor und es würde somit mit jeder Bestellposition eine kumulierte Summe berechnet werden und im Ergebnis hätten wir viele Zeilen für jeden Monat.

Übung 4: Erstellen Sie eine Liste, in der die Anzahl an Bestellungen für jeden Monat angezeigt wird. Weiterhin soll die kumulierte Anzahl der Bestellungen vom Jahresanfang bis zum aktuellen Monat berechnet werden.

Man kann Fenster auch mit Hilfe der Inhalte der Sortierspalten definieren. Das bedeutet, dass eben nicht mehr für jeden Datensatz eine neue Berechnung durchgeführt wird, sondern mit jedem Wertwechsel in der Sortierspalte. Das Ganze erfolgt mit Hilfe des Schlüsselwortes **RANGE**. Die Syntax ist ansonsten identisch mit der bereits bekannten:

		UNBOUNDED PRECEDING		UNBOUNDED FOLLOWING
RANGE	[BETWEEN]	<Ausdruck>	[AND]	<Ausdruck>
		PRECEDING/FOLLOWING		PRECEDING/FOLLOWING
		CURRENT ROW		CURRENT ROW

Durch RANGE werden – wie gesagt - Fenster auf Basis der Inhalte der Sortierspalten definiert. Das heißt, die Datenbank sucht nicht nach Datensätzen vor oder nach dem aktuellen, sondern nach Werten kleiner oder gleich dem aktuellen Wert. Dazu ein Beispiel, in welchem der Unterschied besser ersichtlich wird:

```
SELECT MITARBEITER_NR, VORNAME, NACHNAME, GEHALT,
       SUM(GEHALT) OVER( ORDER BY GEHALT) AS GEH_RANGE,
       SUM(GEHALT) OVER( ORDER BY GEHALT
                   ROWS BETWEEN UNBOUNDED PRECEDING
                   AND CURRENT ROW
                   ) AS GEH_ROWS
FROM TBL_MITARBEITER
```

Ergebnis:

	MITARBEITER_NR	VORNAME	NACHNAME	GEHALT	GEH_RANGE	GEH_ROWS
1	11	Sabine	Maier	1000	4000	1000
2	2	Peter	Peters	1000	4000	2000
3	1	Liese	Müller	1000	4000	3000
4	5	Steffi	Müller	1000	4000	4000
5	4	Klaus	Klausen	1200	5200	5200
6	3	Horst	Schmidt	1500	8200	6700
7	6	Emil	Iversen	1500	8200	8200
8	8	Sandra	Bergmann	1750	11700	9950
9	7	Sandra	Meier	1750	11700	11700
10	9	Kevin	Knutsen	2000	13700	13700
11	10	Thomas	Thomsen	2200	15900	15900

In diesem Beispiel werden die Mitarbeiter mit Ihren Gehältern ausgeben und danach sortiert. In der zweiten Zeile wird eine analytische Funktion mit ORDER BY verwendet. Wenn man kein ORDER BY verwendet, wird die Summe auf die gesamte Partition angewendet. Durch ORDER BY ergänzt Oracle automatisch ein RANGE-Fenster der folgenden Art: *RANGE UNBOUNDED PRECEDING*. Das heißt es werden die Werte vor dem aktuellen Wert zusammmen gezählt. Das Gehalt 1000 taucht mehrfach in der Liste auf und wird dabei zu einem Wert zusammmen gezogen. Deshalb steht bei diesen Mitarbeitern die 4000 bei GEHALT_RANGE. Das Gehalt mit ROWS Fenster verhält sich wie erwartet.

Das ist auch der Grund, weshalb bei dem Beispiel der kumulierten Umsätze (im vorherigen Abschnitt) eine Unterabfrage benötigt wird. Diese fasst sozusagen die Datensätze des gleichen Monats zusammen und bildet dazu eine Summe. Danach hat man eine Zeile pro Monat und kann mit dem ROWS Fenster arbeiten. Ohne Unterabfrage würden pro Einzelpositionen die kumulierten Werte entstehen. Wenn man nun das RANGE Fenster nutzen würde, würden die Datensätze mit dem gleichen Monat als ein Datensatz behandelt und man kann sich das Zusammenfassen in der Unterabfrage sparen:

```
SELECT DISTINCT
     to_char(b.BESTELL_DATUM,'YYYYMM') AS MONAT,
     SUM(bp.ANZAHL*p.PREIS) OVER( PARTITION BY to_char(b.BESTELL_DATUM,'YYYYMM')
                       ) AS UMSATZ,

     SUM(bp.ANZAHL*p.PREIS) OVER( PARTITION BY to_char(b.BESTELL_DATUM,'YYYY')
                       ORDER BY to_char(b.BESTELL_DATUM,'YYYYMM')
                       RANGE BETWEEN UNBOUNDED PRECEDING
                       AND CURRENT ROW
                       ) AS UMSATZ_KUM
FROM TBL_BESTELLUNG b
   JOIN TBL_BESTELLUNG_POS bp ON b.BESTELLUNG_NR=bp.BESTELLUNG_NR
   JOIN TBL_PRODUKT p ON bp.PRODUKT_NR=p.PRODUKT_NR
ORDER BY MONAT
```

Ergebnis:

	MONAT	UMSATZ	UMSATZ_KUM
1	201301	2126,05	2126,05
2	201302	1381,35	3507,4
3	201303	1921,2	5428,6
4	201304	1804,1	7232,7
5	201305	1057,35	8290,05
6	201306	1259,85	9549,9
7	201307	1223,1	10773
8	201308	2049,7	12822,7
9	201309	1302,25	14124,95
10	201310	1834,2	15959,15
11	201311	2901,95	18861,1
12	201312	1236,35	20097,45

Zur Gegenprobe kann man in der analytischen Funktion aus RANGE einmal ROWS machen. Man wird sehen, dass jetzt viele Datensätze pro Monat angezeigt werden.

Übung 5: Berechnen Sie die Umsätze für jeden Tag im Januar 2013. Stellen Sie weiterhin den kumulierten Umsatz pro Tag dar.

Spezielle Funktionen

Es gibt noch diverse weitergehende analytische Funktionen:

Funktion	Beschreibung	DBMS
LEAD (<Ausdruck>, <n>, <default>)	Liefert <Ausdruck> des <n>. Datensatz *vor* dem aktuellen Datensatz zurück. Wenn dieser nicht existiert wird <default> zurückgeliefert. Keine Fenster-Definition möglich bzw. notwendig.	Alle
LAG (<Ausdruck>, <n>, <default>)	Liefert <Ausdruck> des <n>. Datensatz *hinter* dem aktuellen Datensatz zurück. Wenn dieser nicht existiert wird <default> zurückgeliefert. Keine Fenster-Definition möglich bzw. notwendig.	Alle
FIRST_VALUE (<Ausdruck> [IGNORE NULLS])	Liefert innerhalb einer Partition den ersten <Ausdruck> zurück.	Alle
LAST_VALUE (<Ausdruck> [IGNORE NULLS])	Liefert innerhalb einer Partition den letzten <Ausdruck> zurück.	Alle
NTH_VALUE (<Ausdruck>, <n>) [FROM FIRST/LAST] [IGNORE NULLS]	Liefert innerhalb einer Partiotion den <n>ten <Ausdruck> zurück.	ORA
RANK ()	Liefert den Rang eines Datensatzes innerhalb einer Partition zurück.	Alle

	Sortierung relevant. Bei Gleichheit zwei Datensätze wird auch der gleiche Rang geliefert und es werden Positionen übersprungen.	
DENSE_RANK ()	Liefert den Rang eines Datensatzes innerhalb einer Partition zurück. Sortierung relevant. Bei Gleichheit zwei Datensätze wird auch der gleiche Rang geliefert und es werden keine Positionen übersprungen.	Alle
RATIO_TO_REPORT (<Ausdruck>)	Anteilsberechnung innerhalb einer Partition.	ORA

Mit den beiden Funktionen **LEAD** und **LAG** kann man auf nachfolgende oder vorausgehende Datensätze zugreifen. Diese Funktionen erwarten drei Argument: <Ausdruck> definiert dabei eine Spalte oder Berechnung. <n> ist die Anzahl der Datensätze nach vorne oder hinten und <default> definiert einen Standardwert, wenn es keinen Datensatz davor oder danach gibt. Bei diesen Funktionen ist die Sortierung relevant, es wird also die ORDER BY Klausel benötigt.

Dazu ein kleines Beispiel, das den Umsatz des aktuellen Monats mit dem Umsatz des Vormonats vergleicht und die absolute Abweichung berechnet:

```
SELECT MONAT,
        LAG(UMSATZ,1,NULL) OVER( ORDER BY MONAT ASC) AS UMSATZ_PREV,
        UMSATZ AS UMSATZ_AKT,
        round(((UMSATZ / LAG(UMSATZ,1,NULL) OVER( ORDER BY MONAT ASC))-1)*100,1) AS
ABW
FROM (
        SELECT to_char(b.BESTELL_DATUM,'YYYYMM') AS MONAT,
                SUM(bp.ANZAHL*p.PREIS) AS UMSATZ
        FROM TBL_BESTELLUNG b
            JOIN TBL_BESTELLUNG_POS bp ON b.BESTELLUNG_NR=bp.BESTELLUNG_NR
            JOIN TBL_PRODUKT p ON bp.PRODUKT_NR=p.PRODUKT_NR
        GROUP BY to_char(b.BESTELL_DATUM,'YYYYMM')
    )
ORDER BY MONAT;
```

Ergebnis:

MONAT	UMSATZ_PREV	UMSATZ_AKT	ABW
1 201301	(null)	2126,05	(null)
2 201302	2126,05	1381,35	-35
3 201303	1381,35	1921,2	39,1
4 201304	1921,2	1804,1	-6,1
5 201305	1804,1	1057,35	-41,4
6 201306	1057,35	1259,85	19,2
7 201307	1259,85	1223,1	-2,9
8 201308	1223,1	2049,7	67,6
9 201309	2049,7	1302,25	-36,5
10 201310	1302,25	1834,2	40,8
11 201311	1834,2	2901,95	58,2
12 201312	2901,95	1236,35	-57,4

Die Funktionen *FIRT_VALUE* und *LAST_VALUE* liefern das erste bzw. letzte Element in einer Partition zurück. Durch die Angabe von *IGNORE NULLS* wird dann das erste bzw. letzte nicht-NULL Element zurück geliefert. Das folgende Beispiel stellt für jeden Monat den Umsatz des ersten Tages dar:

```
SELECT DISTINCT
    MONAT,
    FIRST_VALUE(UMSATZ) OVER( PARTITION BY MONAT
                        ORDER BY BESTELL_DATUM ASC) AS UMS_FIRST_DAY
FROM (
        SELECT b.BESTELL_DATUM,
            to_char(BESTELL_DATUM,'YYYYMM') AS MONAT,
            SUM(bp.ANZAHL*p.PREIS) AS UMSATZ
        FROM TBL_BESTELLUNG b
            JOIN TBL_BESTELLUNG_POS bp ON b.BESTELLUNG_NR=bp.BESTELLUNG_NR
            JOIN TBL_PRODUKT p ON bp.PRODUKT_NR=p.PRODUKT_NR
        GROUP BY b.BESTELL_DATUM, to_char(BESTELL_DATUM,'YYYYMM')
        ) day
ORDER BY MONAT;
```

Ergebnis:

MONAT	UMS_FIRST_DAY
1 201301	136,5
2 201302	59,5
3 201303	17,4
4 201304	138,05
5 201305	67,2
6 201306	314,1
7 201307	109,25

Die Funktion *NTH_VALUE* steht nur unter Oracle zur Verfügung und berechnet das n-te Element innerhalb einer Partition über die Klauseln *FROM FIRST* bzw. *FROM LAST* kann definiert werden, ob das n-te Element vom Beginn oder vom Ende der Partition gemeint ist. Mittels *IGNORE NULLS* können NULL Werte ausgeschlossen werden.

Auch bei diesen Funktionen ist die Sortierung relevant, es wird also die ORDER BY Klausel benötigt. Dabei muss beachtet werden, dass durch die Verwendung von ORDER BY automatisch ein Fenster der Form **RANGE UNBOUNDED PRECEDING** verwendet wird. Dadurch kommt es zu NULL-Values für die ersten Zeilen, wenn man n>1 wählt. Siehe dazu auch den vorherigen Abschnitt über die Fensterfunktionen.

```
SELECT DISTINCT
    prd.*,
    NTH_VALUE (UMSATZ,1) OVER( PARTITION BY prd.PRODUKT_GRUPPE
                               ORDER BY prd.PRODUKT_GRUPPE, UMSATZ DESC
                               ROWS BETWEEN UNBOUNDED PRECEDING
                               AND UNBOUNDED FOLLOWING) AS BEST_PROD,

    NTH_VALUE (UMSATZ,2) OVER( PARTITION BY prd.PRODUKT_GRUPPE
                               ORDER BY prd.PRODUKT_GRUPPE, UMSATZ DESC
                               ROWS BETWEEN UNBOUNDED PRECEDING
                               AND UNBOUNDED FOLLOWING) AS BEST_2ND_PROD
FROM(
        SELECT  LPAD(p.PRODUKT_NR,2,'0')||' - '||p.BEZEICHNUNG AS PRODUKT,
                pg.PRODUKT_GRUPPE_NR||' - '||pg.BEZEICHNUNG AS PRODUKT_GRUPPE,
                SUM(bp.ANZAHL*p.PREIS) AS UMSATZ
        FROM TBL_BESTELLUNG_POS bp
        JOIN TBL_PRODUKT p ON bp.PRODUKT_NR=p.PRODUKT_NR
        JOIN            TBL_PRODUKTGRUPPE          pg              ON
        p.PRODUKT_GRUPPE_NR=pg.PRODUKT_GRUPPE_NR
        GROUP BY LPAD(p.PRODUKT_NR,2,'0')||' - '||p.BEZEICHNUNG,
                 pg.PRODUKT_GRUPPE_NR||' - '||pg.BEZEICHNUNG
    ) prd
ORDER BY PRODUKT
```

Ergebnis:

Abfrageergebnis ×

SQL | Alle Zeilen abgerufen: 15 in 0,017 Sekunden

	PRODUKT	PRODUKT_GRUPPE	UMSATZ	BEST_PROD	BEST_2ND_PROD
1	01 - Rumpsteak	1 - Fleischgerichte	4546,15	4546,15	3303,95
2	02 - Grillteller	1 - Fleischgerichte	3303,95	4546,15	3303,95
3	03 - Pizza Salami	2 - Pizzen	1181,6	1612,4	1363
4	04 - Pizza Hawai	2 - Pizzen	1250,5	1612,4	1363
5	05 - Pizza Thunfisch	2 - Pizzen	1195,6	1612,4	1363
6	06 - Pizza Spezial	2 - Pizzen	1612,4	1612,4	1363
7	07 - Pizza Vital	2 - Pizzen	1363	1612,4	1363
8	08 - Spagetti Bolognese	3 - Pasta	873	1062	873
9	09 - Lasagne	3 - Pasta	873	1062	873
10	10 - Tagliatelle Carbonara	3 - Pasta	1062	1062	873
11	11 - Cola 0,331	4 - Getränke	348,25	532	428

Mit **RANK** und **DENSE_RANK** können Rangfolgen innerhalb einer Partition berechnet werden. Der Unterschied besteht in der Behandlung von gleichgeordneten Datensätzen. Bei RANK wird die gleiche Nummer vergeben, bei DENSE_RANK unterschiedliche. Auch bei diesen Funktionen ist die Sortierung relevant, es wird also die ORDER BY Klausel benötigt.

Folgendes Beispiel berechnet eine Rangfolge der Monate nach Umsatz pro Quartal:

```
SELECT DISTINCT
        QUARTAL,
        MONAT,
        UMSATZ,

        RANK() OVER( PARTITION BY QUARTAL ORDER BY UMSATZ DESC) AS RANG

FROM (
        SELECT  to_char(b.BESTELL_DATUM,'YYYYMM') AS MONAT,
                to_char(b.BESTELL_DATUM,'YYYYQ') AS QUARTAL,
                SUM(bp.ANZAHL*p.PREIS) AS UMSATZ
        FROM TBL_BESTELLUNG b
            JOIN TBL_BESTELLUNG_POS bp ON b.BESTELLUNG_NR=bp.BESTELLUNG_NR
            JOIN TBL_PRODUKT p ON bp.PRODUKT_NR=p.PRODUKT_NR
            GROUP BY to_char(b.BESTELL_DATUM,'YYYYMM'), to_char(b.BESTELL_DATUM,'YYYYQ')
        )
ORDER BY QUARTAL, RANG
```

Ergebnis:

	QUARTAL	MONAT	UMSATZ	RANG
1	20131	201301	2126,05	1
2	20131	201303	1921,2	2
3	20131	201302	1381,35	3
4	20132	201304	1804,1	1
5	20132	201306	1259,85	2
6	20132	201305	1057,35	3
7	20133	201308	2049,7	1
8	20133	201309	1302,25	2
9	20133	201307	1223,1	3
10	20134	201311	2901,95	1
11	20134	201310	1834,2	2
12	20134	201312	1236,35	3

RATIO_TO_REPORT berechnet den prozentualen Anteil des Ausdrucks <Ausdruck> innerhalb der Partition, d.h. der <Ausdruck> des einzelnen Elements wird ins Verhältnis zur Gesamtsumme von <Ausdruck> in der Partition gesetzt.

```
SELECT prd.*,
        round((RATIO_TO_REPORT(prd.UMSATZ) OVER())*100,1) AS ANTEIL
FROM (
        SELECT p.PRODUKT_NR,
               p.BEZEICHNUNG,
               SUM(bp.ANZAHL*p.PREIS) AS UMSATZ
        FROM TBL_BESTELLUNG_POS bp
            JOIN TBL_PRODUKT p ON bp.PRODUKT_NR=p.PRODUKT_NR
            GROUP BY p.PRODUKT_NR, p.BEZEICHNUNG
        ) prd
ORDER BY ANTEIL DESC
```

Ergebnis:

📌 🖨 🔃 🔖 SQL | Alle Zeilen abgerufen: 15 in 0,009 Sekunden

	PRODUKT_NR	BEZEICHNUNG	UMSATZ	ANTEIL
1	1	Rumpsteak	4546,15	22,6
2	2	Grillteller	3303,95	16,4
3	6	Pizza Spezial	1612,4	8
4	7	Pizza Vital	1363	6,8
5	4	Pizza Hawai	1250,5	6,2
6	5	Pizza Thunfisch	1195,6	5,9
7	3	Pizza Salami	1181,6	5,9
8	10	Tagliatelle Carbonara	1062	5,3
9	9	Lasagne	873	4,3
10	8	Spagetti Bolognese	873	4,3
11	15	Tiramisu	832	4,1
12	14	Obstsalat	696	3,5
13	12	Bier Holsten 0,5l	532	2,6

Übung 6: Erstellen Sie eine Liste mit den Monatsumsätze für das 1. Quartal 2013. Zeigen Sie pro Monat den Umsatz für den 1. und den 15. des Monats aus. Weiterhin soll noch der Vormonatswert angezeigt werden und die Differenz absolut zwischen akt. Monat und Vormonat berechnet werden.

Aufgaben

1) Erstellen Sie eine Liste der Quartale mit folgenden Kennzahlen: Gesamtumsatz Quartal, Gesamtanzahl Bestellungen pro Quartal, Anzahl Bestellung insgesamt und Anteil.

2) Erstellen Sie eine Liste für den Februar 2013 mit seinen Tagen. Stellen Sie außerdem bei jedem Tag auch den Umsatz des Vortages dar und berechnen Sie die Abweichung.

3) Berechnen Sie für jeden Kunden seinen Gesamt-Umsatz im Januar 2013. Zeigen sie für jeden Kunden dabei sein Lieblingsprodukt an.

4) Erstellen Sie eine Liste mit den Monaten und ihren Umsatz. Berechnen Sie auch den kumulierten Umsatz vom Januar bis zum aktuellen Monat sowie für jeden Monat den Umsatz der letzten drei Monate (inklusive akt. Monat).

5) Erstellen Sie eine Liste der Produkte mit Ihren Gesamt-Umsätzen. Berechnen Sie weiterhin den Anteil am Gesamtumsatz über alle Produkte. Außerdem soll noch der Monat angezeigt werden, in dem der größte Umsatz für dieses Produkt erzielt wurde sowie der Monat mit dem geringsten Umsatz.

10 Erweiterte Gruppierungen und Aggregate

ROLLUP / CUBE

Mit Hilfe der schon bekannten Klausel GROUP BY kann die Ergebnismenge nach bestimmten Spalten gruppiert werden, das heißt, dass alle Datensätze mit demselben Werte in der Gruppierungs-Spalte zusammengefasst werden zu einem Datensatz. Dazu werden alle Spalten, die nicht der Gruppierung dienen, mit Hilfe einer Aggregatsfunktion (SUM, MAX, MIN, ...) zusammengefasst.

In der Praxis benötigt man oft mehr als eine Gruppierung. Z.B. könnte man den Gesamtumsatz über alles bilden und den Umsatz pro Produkt, um so z.B. den Umsatzanteil zu berechnen. Mit Hilfe analytischer Funktionen kann man verschiedene Gruppierungsebenen in verschiedenen Spalten anwenden. Manchmal möchte man allerdings eine Liste mit Produkt-Umsätzen berechnen und die entsprechenden Gesamtsummen in Zeilen darstellen. Dazu kann man die GROUP BY Erweiterung ROLLUP verwenden.

Als Beispiel wollen wir eine Liste unserer Produktumsätze erstellen und unter die Produkte einer Produktgruppe möchten wir eine Gesamtsumme darstellen und in der letzten Zeile noch die Gesamtsumme über alles. Mit unseren bisherigen Kenntnissen benötigen wir drei Abfragen: eine für die Produktsummen, eine für die Produktgruppensummen und eine für die Gesamtsumme. Diese drei Abfragen hätten wir dann per UNION miteinander verknüpfen müssen. Das sieht dann folgendermaßen aus:

```
SELECT  null AS PRDGRP_BEZ,
    null AS PRODUKT_BEZ,
    SUM(bp.ANZAHL*p.PREIS) AS UMSATZ
FROM  TBL_BESTELLUNG_POS bp
 JOIN TBL_PRODUKT p ON bp.PRODUKT_NR=p.PRODUKT_NR

UNION ALL

SELECT  pg.PRODUKT_GRUPPE_NR||' - '||pg.BEZEICHNUNG AS PRDGRP_BEZ,
    null AS PRODUKT_BEZ,
    SUM(bp.ANZAHL*p.PREIS)
FROM  TBL_BESTELLUNG_POS bp
 JOIN TBL_PRODUKT p ON bp.PRODUKT_NR=p.PRODUKT_NR
 JOIN TBL_PRODUKTGRUPPE pg ON p.PRODUKT_GRUPPE_NR=pg.PRODUKT_GRUPPE_NR
GROUP BY pg.BEZEICHNUNG, pg.PRODUKT_GRUPPE_NR

UNION ALL

SELECT  pg.PRODUKT_GRUPPE_NR||' - '||pg.BEZEICHNUNG AS PRDGRP_BEZ,
    p.PRODUKT_NR||' - '||p.BEZEICHNUNG AS PRODUKT_BEZ,
    SUM(bp.ANZAHL*p.PREIS)
FROM  TBL_BESTELLUNG_POS bp
 JOIN TBL_PRODUKT p ON bp.PRODUKT_NR=p.PRODUKT_NR
 JOIN TBL_PRODUKTGRUPPE pg ON p.PRODUKT_GRUPPE_NR=pg.PRODUKT_GRUPPE_NR
GROUP BY p.PRODUKT_NR, p.BEZEICHNUNG, pg.PRODUKT_GRUPPE_NR, pg.BEZEICHNUNG
```

Ergebnis:

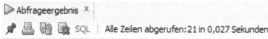

	PRDGRP_BEZ	PRODUKT_BEZ	UMSATZ
1	(null)	(null)	20097,45
2	1 - Fleischgerichte	(null)	7850,1
3	1 - Fleischgerichte	1 - Rumpsteak	4546,15
4	1 - Fleischgerichte	2 - Grillteller	3303,95
5	2 - Pizzen	(null)	6603,1
6	2 - Pizzen	3 - Pizza Salami	1181,6
7	2 - Pizzen	4 - Pizza Hawai	1250,5
8	2 - Pizzen	5 - Pizza Thunfisch	1195,6
9	2 - Pizzen	6 - Pizza Spezial	1612,4
10	2 - Pizzen	7 - Pizza Vital	1363
11	2 Pasta	(null)	2000

Wir sehen die drei farblich unterschiedlich markierten Unterabfragen, die mit UNION ALL zusammengeführt werden.

Das Ganze kann man mit der sog. ROLLUP Erweiterung auch einfacher gestalten:

```
SELECT  pg.PRODUKT_GRUPPE_NR||' - '||pg.BEZEICHNUNG AS PRDGRP_BEZ,
        p.PRODUKT_NR||' - '||p.BEZEICHNUNG AS PRODUKT_BEZ,
        SUM(bp.ANZAHL*p.PREIS) AS UMSATZ
FROM TBL_BESTELLUNG_POS bp
  JOIN TBL_PRODUKT p ON bp.PRODUKT_NR=p.PRODUKT_NR
  JOIN TBL_PRODUKTGRUPPE pg ON p.PRODUKT_GRUPPE_NR=pg.PRODUKT_GRUPPE_NR
GROUP BY ROLLUP ( pg.PRODUKT_GRUPPE_NR||' - '||pg.BEZEICHNUNG,
                  p.PRODUKT_NR||' - '||p.BEZEICHNUNG )
ORDER BY 1 NULLS FIRST,2 NULLS FIRST
```

Ergebnis:

PRDGRP_BEZ	PRODUKT_BEZ	UMSATZ
1 (null)	(null)	20097,45
2 1 - Fleischgerichte	(null)	7850,1
3 1 - Fleischgerichte	1 - Rumpsteak	4546,15
4 1 - Fleischgerichte	2 - Grillteller	3303,95
5 2 - Pizzen	(null)	6603,1
6 2 - Pizzen	3 - Pizza Salami	1181,6
7 2 - Pizzen	4 - Pizza Hawai	1250,5
8 2 - Pizzen	5 - Pizza Thunfisch	1195,6
9 2 - Pizzen	6 - Pizza Spezial	1612,4
10 2 - Pizzen	7 - Pizza Vital	1363

Wie man sieht, ist das Ergebnis dasselbe, nur dass man mit deutlich weniger Zeilen auskommt. Relevant ist das blau gefärbte Schlüsselwort **ROLLUP**. Dieses führt dazu, dass für die in Klammern angegebenen Spalten oder Ausdrücke jeweils Gesamtsummen berechnet werden plus eine Gesamtsumme für alles. In unserem Beispiel führt das also dazu, dass pro Produkt + Produktgruppe jeweils eine Summe erstellt wird, für jede einzelne Produktgruppe und eine Gesamtsumme. Man erkennt diese Zeilen an den <null> Werten in der Produkt-Spalte bzw. In beiden Spalten. Es können beliebig viele Spalten im ROLLUP angegeben werden. Spalten, für die keine Summen erstellt werden sollen, kann man direkt ins GROUP BY übernehmen. Man spricht dann von einem *Partial Rollup*.

Hat man für eine Gruppierungsebene mehrere Elemente (wie in unserem Beispiel. Dort gibt es eine Produkt-Nr und eine Produkt-Bezeichnung. Beide auf Produkt-Ebene), so muss man diese zusammengehörigen Elemente in Klammern innerhalb der ROLLUP Anweisung schreiben, also z.B. so:

GROUP BY ROLLUP ((<Spalte 1>,<Spalte 2>), <Spalte 3>)

Bezogen auf unser oberes Beispiel:

```
SELECT pg.PRODUKT_GRUPPE_NR||' - '||pg.BEZEICHNUNG AS PRDGRP_BEZ,
       p.PRODUKT_NR||' - '||p.BEZEICHNUNG AS PRODUKT_BEZ,
       SUM(bp.ANZAHL*p.PREIS) AS UMSATZ
FROM TBL_BESTELLUNG_POS bp
 JOIN TBL_PRODUKT p ON bp.PRODUKT_NR=p.PRODUKT_NR
 JOIN TBL_PRODUKTGRUPPE pg ON p.PRODUKT_GRUPPE_NR=pg.PRODUKT_GRUPPE_NR
GROUP BY ROLLUP ( (pg.PRODUKT_GRUPPE_NR, pg.BEZEICHNUNG),
                 ( p.PRODUKT_NR, p.BEZEICHNUNG) )
ORDER BY 1 NULLS FIRST,2 NULLS FIRST
```

Man spricht hierbei auch von sog. *Composite Columns*, also eine Sammlung von Spalten, die als eine Einheit beim Rollup (und auch CUBE, Grouping Sets) behandelt werden.

Übung 1: Erstellen Sie eine Auswertung, die Umsatzsummen pro Kunde, pro Ort und Gesamt berechnet. Zeigen Sie dabei für den Kunden die Kunden-Nr, Vornamen und Nachnamen an.

Übung 2: Erstellen Sie eine Liste, die Bestellungen pro Kunde + Monat , pro Monat und Gesamt berechnet. Es sollen für den Kunden die Kunden-Nr, Vor- und Nachname angezeigt werden.

Eine Erweiterung zu ROLLUP stellt *CUBE* dar. Während bei ROLLUP nur für die angegeben Spalten eine Gesamtsumme berechnet wird, wird bei Cube für alle möglichen Kombinationen ebenfalls Gesamtsummen berechnet. Dazu ein weiteres Beispiel:

```
SELECT to_char(b.BESTELL_DATUM,'YYYYMM') AS MONAT,
       p.PRODUKT_NR,
       p.BEZEICHNUNG AS PRODUKT_BEZ,
       SUM(bp.ANZAHL*p.PREIS) AS UMSATZ
FROM TBL_BESTELLUNG b
  JOIN TBL_BESTELLUNG_POS bp ON b.BESTELLuNG_NR=bp.BESTELLUNG_NR
  JOIN TBL_PRODUKT p ON bp.PRODUKT_NR=p.PRODUKT_NR
WHERE p.PRODUKT_NR IN(1,2)
AND to_char(b.BESTELL_DATUM,'YYYYMM') IN('201301', '201302')
GROUP BY ROLLUP(to_char(b.BESTELL_DATUM,'YYYYMM'), (p.PRODUKT_NR, p.BEZEICHNUNG))
ORDER BY 1 NULLS FIRST,2 NULLS FIRST
```

Ergebnis:

	MONAT	PRODUKT_NR	PRODUKT_BEZ	UMSATZ
1	(null)	(null)	(null)	1262,5
2	201301	(null)	(null)	873,6
3	201301	1	Rumpsteak	544,7
4	201301	2	Grillteller	328,9
5	201302	(null)	(null)	388,9
6	201302	1	Rumpsteak	209,5
7	201302	2	Grillteller	179,4

Mit CUBE an Stelle von ROLLUP sieht das Ergebnis folgendermaßen aus:

```
SELECT to_char(b.BESTELL_DATUM,'YYYYMM') AS MONAT,
       p.PRODUKT_NR,
       p.BEZEICHNUNG AS PRODUKT_BEZ,
       SUM(bp.ANZAHL*p.PREIS) AS UMSATZ
FROM TBL_BESTELLUNG b
  JOIN TBL_BESTELLUNG_POS bp ON b.BESTELLuNG_NR=bp.BESTELLUNG_NR
  JOIN TBL_PRODUKT p ON bp.PRODUKT_NR=p.PRODUKT_NR
WHERE p.PRODUKT_NR IN(1,2)
AND to_char(b.BESTELL_DATUM,'YYYYMM') IN('201301', '201302')
GROUP BY CUBE(to_char(b.BESTELL_DATUM,'YYYYMM'), (p.PRODUKT_NR, p.BEZEICHNUNG))
ORDER BY 1 NULLS FIRST,2 NULLS FIRST
```

Ergebnis:

⬦ MONAT	⬦ PRODUKT_NR	⬦ PRODUKT_BEZ	⬦ UMSATZ
1 (null)	(null)	(null)	1262,5
2 (null)	1	Rumpsteak	754,2
3 (null)	2	Grillteller	508,3
4 201301	(null)	(null)	873,6
5 201301	1	Rumpsteak	544,7
6 201301	2	Grillteller	328,9
7 201302	(null)	(null)	388,9
8 201302	1	Rumpsteak	209,5
9 201302	2	Grillteller	179,4

Wenn man nun die Ergebnisse dieser beiden Abfragen vergleicht, erkennt man, dass mittels Cube 2 Aggregate mehr erzeugt wurden als mit ROLLUP. Das liegt daran, dass CUBE für alle Kombinationen der angegebenen Spalten, Summen erstellt. Bei der Benutzung von ROLLUP hatten wir Summen für die Produkte + Monate, nur für die Monate und eine Gesamtsumme. Nun haben wir auch noch eine Summe nur für die Produkte.

Folgende Tabelle stellt die vier Möglichkeiten bei der Verwendung zweier Spalten einmal dar. Ein Kreuz bedeutet, dass die entsprechende Spalte summiert wird.

Summe	MONAT	PRODUKT	Vorhanden bei
MONAT, PRODUKT	---	---	ROLLUP + CUBE
MONAT	---	X	ROLLUP + CUBE
PRODUKT	X	---	NUR CUBE
Gesamtsumme	X	X	ROLLUP + CUBE

Übung 3: Erstellen Sie eine Auswertung, die Umsatzsummen pro Kunde + Monat, pro Monat, pro Kunde und Gesamt anzeigt. Für den Kunden sollen Kunden-Nr., Vorname und Nachname angezeigt werden.

GROUPING()/ GROUPING_ID() / GROUP_ID()

Es gibt drei Funktionen, die bei der Arbeit mit ROLLUP und CUBE sehr hilfreich sind:

Funktion	Beschreibung
GROUPING (<Spalte>)	Liefert 1 zurück, wenn Zeile eine Summenzeile für <Spalte> ist, sonst 0.
GROUPING_ID (<Spalte1>, <Spalte2>, ...)	Liefert den Bit-Vektor einer Zeile zurück, d.h. eine Kombination sämtlicher GROUPINGs für jede Spalte.
GROUP_ID ()	Liefert 1 zurück, wenn die Summenzeile schon vorhanden ist. Ansonsten 0.

Wenn man nun mit ROLLUP und CUBE arbeitet, möchte man auch die Summenzeilen identifizieren. Man könnte auf die Idee kommen und einfach die Zeile, in der die entsprechende Spate <null> ist, als Summenzeile zu identifizieren. Es kann aber sein, dass <NULL> auch eine reguläre Ausprägung der Spalte ist, für die auch eine Summe erzeugt wird. Deshalb gibt es die Funktion **GROUPING (<Spalte>)**. Diese liefert 1 zurück, wenn die Zeile eine Summenzeile für diese Spalte ist. Dazu folgendes Beispiel:

```
SELECT to_char(b.BESTELL_DATUM,'YYYYMM') AS MONAT,
    p.PRODUKT_NR,
    p.BEZEICHNUNG AS PRODUKT_BEZ,
    SUM(bp.ANZAHL*p.PREIS) AS UMSATZ,
    GROUPING(to_char(b.BESTELL_DATUM,'YYYYMM') ) AS GRP_MON,
    GROUPING(p.PRODUKT_NR) AS GRP_PRD
FROM TBL_BESTELLUNG b
  JOIN TBL_BESTELLUNG_POS bp ON b.BESTELLuNG_NR=bp.BESTELLUNG_NR
  JOIN TBL_PRODUKT p ON bp.PRODUKT_NR=p.PRODUKT_NR
WHERE p.PRODUKT_NR IN(1,2)
AND to_char(b.BESTELL_DATUM,'YYYYMM') IN('201301', '201302')
GROUP BY ROLLUP(to_char(b.BESTELL_DATUM,'YYYYMM'), (p.PRODUKT_NR, p.BEZEICHNUNG))
ORDER BY 1 NULLS FIRST,2 NULLS FIRST
```

Ergebnis:

	MONAT	PRODUKT_NR	PRODUKT_BEZ	UMSATZ	GRP_MON	GRP_PRD
1	(null)	(null)	(null)	1262,5	1	1
2	201301	(null)	(null)	873,6	0	1
3	201301	1	Rumpsteak	544,7	0	0
4	201301	2	Grillteller	328,9	0	0
5	201302	(null)	(null)	388,9	0	1
6	201302	1	Rumpsteak	209,5	0	0
7	201302	2	Grillteller	179,4	0	0

Man erkennt also die Gesamtsumme über alles daran, dass GROUPING für alle ROLLUP Spalten immer 1 ist. Ansonsten sind die Detaildatensätze daran zu erkennen, dass Sie nur 0 in den GROUPING Funktionen haben. Man kann mit dieser Funktion z.B. bestimmte Summen ausschließen, weil diese für die Aufgabenstellung nicht interessant sind.

Übung 4: Erstellen Sie eine Liste mit Summen pro Kunde + Monat + Produkt, nur Monat, nur Kunde + Produkt und einer Gesamtsumme.

Mit Hilfe von **GROUPING_ID (<Spalte1>, <Spalte2>, ..., <Spalte n>)** erhält man einen Bitvektor, der die Summierungsebenen enthält. Wenn man so will, ist GROUPING_ID die Zusammenfassung aller GROUPING-Funktionen für die angegebenen Spalten. Auch darüber kann man feststellen, ob eine Zeile eine Summenzeile ist und auf welcher Ebene. Dazu ein kleines Beispiel:

```
SELECT to_char(b.BESTELL_DATUM,'YYYYMM') AS MONAT,
    p.PRODUKT_NR,
    p.BEZEICHNUNG AS PRODUKT_BEZ,
    SUM(bp.ANZAHL*p.PREIS) AS UMSATZ,
    GROUPING_ID(to_char(b.BESTELL_DATUM,'YYYYMM'),p.PRODUKT_NR) AS GRP
FROM TBL_BESTELLUNG b
  JOIN TBL_BESTELLUNG_POS bp ON b.BESTELLuNG_NR=bp.BESTELLUNG_NR
```

```
JOIN TBL_PRODUKT p ON bp.PRODUKT_NR=p.PRODUKT_NR
WHERE p.PRODUKT_NR IN(1,2)
AND to_char(b.BESTELL_DATUM,'YYYYMM') IN('201301', '201302')
GROUP BY ROLLUP(to_char(b.BESTELL_DATUM,'YYYYMM'), (p.PRODUKT_NR, p.BEZEICHNUNG))
ORDER BY 1 NULLS FIRST,2 NULLS FIRST
```

Ergebnisse:

	MONAT	PRODUKT_NR	PRODUKT_BEZ	UMSATZ	GRP
1	(null)	(null)	(null)	1262,5	3
2	201301	(null)	(null)	873,6	1
3	201301	1	Rumpsteak	544,7	0
4	201301	2	Grillteller	328,9	0
5	201302	(null)	(null)	388,9	1
6	201302	1	Rumpsteak	209,5	0
7	201302	2	Grillteller	179,4	0

Wenn man sich jetzt das Ergebnis ansieht, erkennt man, dass die Gesamtsumme eine 3 hat, die Monatssummen eine 1 und alle anderen Zeilen eine 0. Folgendermaßen kommt man zu diesem Ergebnis:

Summen Ebene	Bit Vektor	Dezimal	Bemerkung
MONAT, PRODUKT	0 0	0	ROLLUP + CUBE
MONAT	0 1	1	ROLLUP + CUBE
PRODUKT	1 0	2	NUR CUBE
Gesamtsumme	1 1	3	ROLLUP + CUBE

Es werden für die ROLLUP-Spalten die GROUPING Funktionen durchgeführt (liefern jeweils 1 oder 0 zurück) und diese in einem Bit-Vektor dargestellt. Die Funktion liefert dann das Dezimal –Ergebnis zurück. Die Zeile für das Produkt existiert nur wenn man CUBE verwendet. Alle anderen Zeilen existieren sowohl für ROLLUP als auch für CUBE.

Übung 5: Erstellen Sie eine Liste mit Summen pro Ort + Monat, nur pro Ort, nur pro Monat und ohne Gesamtsumme.

Die letzte Funktion ist **GROUP_ID()**. Mit Hilfe dieser Funktion können doppelte Summenzeile erkannt werden, die in der Praxis bei komplexen ROLLUP- und CUBE-Konstrukten auftauchen können. Die Funktion fängt beim ersten Duplikat mit 1 an und zählt für jedes weitere jeweils um eins hoch. Folgendes Beispiel soll die Funktionsweise einmal verdeutlichen:

Grouping Sets

Mit Hilfe von Grouping Sets können die Gruppierungsebenen detailliert festgelegt werden. CUBE und ROLLUP gruppieren hingegen automatisch nach bestimmten Regeln. Die Syntax sieht folgendermaßen aus:

```
GROUP BY GROUPING SETS ( <Spalte1> , (<Spalte2>, <Spalte3>, ...) , (), .... )
```

Man gibt in den Klammern nach dem Schlüsselwort GROUPING SETS einfach die verschiedenen Gruppierungsebenen durch Kommata getrennt an. Wenn man eine Gruppierungsebene durch mehrere Spalten definieren möchte, so muss man diese Spalten wiederum in Klammern (im Beispiel rot markiert) einfassen. Das sieht man an der zweiten Gruppierungsebene bestehend aus Spalte2 und Spalte 3. Durch () gibt man an, dass eine Summe über alles gebildet werden soll.

Durch Grouping Sets werden dann sozusagen verschiedene GROUP Bys auf das SQL Statement angewandt. Im obigen Beispiel wären das:

- GROUP BY <Spalte1>
- GROUP BY <Spalte2>, <Spalte3>
- GROUP BY ()

Man könnte die gleichen Ergebnisse also erreichen, indem man drei Abfragen erstellt mit den drei verschiedenen GROUP Bys und diese dann mittels UNION ALL miteinander verknüpft. Allerdings würde dabei die Tabelle mehrfach abgefragt, was bei großen Tabellen suboptimal bzgl. der Performance ist. Grouping Sets arbeiten an dieser Stelle anders und liest die Tabelle nur einmal und ist somit schneller.

Dazu folgendes Beispiel:

```
SELECT to_char(b.BESTELL_DATUM,'YYYYMM') AS MONAT,
       p.PRODUKT_NR,
       p.BEZEICHNUNG AS PRODUKT_BEZ,
       pg.PRODUKT_GRUPPE_NR,
       pg.BEZEICHNUNG AS PRDGRP_BEZ,
       SUM(bp.ANZAHL*p.PREIS) AS UMSATZ
FROM TBL_BESTELLUNG b
 JOIN TBL_BESTELLUNG_POS bp ON b.BESTELLuNG_NR=bp.BESTELLUNG_NR
 JOIN TBL_PRODUKT p ON bp.PRODUKT_NR=p.PRODUKT_NR
 JOIN TBL_PRODUKTGRUPPE pg ON p.PRODUKT_GRUPPE_NR=pg.PRODUKT_GRUPPE_NR
WHERE p.PRODUKT_NR IN(1,2,3)
AND to_char(b.BESTELL_DATUM,'YYYYMM') IN('201301', '201302')
GROUP BY GROUPING SETS (
              to_char(b.BESTELL_DATUM,'YYYYMM'),
              (to_char(b.BESTELL_DATUM,'YYYYMM'), p.PRODUKT_NR, p.BEZEICHNUNG),
              (pg.PRODUKT_GRUPPE_NR, pg.BEZEICHNUNG),
              ()
          )
ORDER BY 1 NULLS FIRST,2 NULLS FIRST;
```

Ergebnis:

	MONAT	PRODUKT_NR	PRODUKT_BEZ	PRODUKT_GRUPPE_NR	PRDGRP_BEZ	UMSATZ
1	(null)	(null)	(null)	(null)	(null)	1464,1
2	(null)	(null)	(null)	1	Fleischgerichte	1262,5
3	(null)	(null)	(null)	2	Pizzen	201,6
4	201301	(null)	(null)	(null)	(null)	1041,6
5	201301	1	Rumpsteak	(null)	(null)	544,7
6	201301	2	Grillteller	(null)	(null)	328,9
7	201301	3	Pizza Salami	(null)	(null)	168
8	201302	(null)	(null)	(null)	(null)	422,5
9	201302	1	Rumpsteak	(null)	(null)	209,5
10	201302	2	Grillteller	(null)	(null)	179,4
11	201302	3	Pizza Salami	(null)	(null)	33,6

Übung 6: Erstellen Sie eine Liste mit Summen pro Ort und Summen pro Quartal.

Aufgaben

1) Erstellen Sie eine Liste mit Summen pro Monat, pro Quartal, pro Jahr und Insgesamt.

2) Erstellen Sie eine Liste mit Summen pro Monat + Kunde, nur pro Monat, nur pro Kunde und einer Gesamtsumme.

3) Erstellen Sie eine Liste mit Summen pro Monat + Ort + Produktgruppe, nur pro Produktgruppe, nur pro Ort, nur für Ort + Monat und einer Gesamtsumme.

4) Erstellen Sie eine Liste mit Summen pro Monat und Summen pro Kunde und Summen pro Produkt und einer Gesamtsumme.

11 Verschiedenes

PIVOT / UNPIVOT

Manchmal steht man vor der Herausforderungen aus Datenzeilen, Spalten zu machen und umgekehrt. Man kann das mittels CASE .. WHEN … THEN und einer Aggregatsfunktion folgendermaßen lösen:

```
SELECT SUM(CASE WHEN MONAT=201301 THEN UMSATZ ELSE 0 END) AS "201301",
       SUM(CASE WHEN MONAT=201302 THEN UMSATZ ELSE 0 END) AS "201302",
       SUM(CASE WHEN MONAT=201303 THEN UMSATZ ELSE 0 END) AS "201303"
FROM (
         SELECT to_char(b.BESTELL_DATUM,'YYYYMM') AS MONAT,
              SUM(bp.ANZAHL*p.PREIS) AS UMSATZ
         FROM TBL_BESTELLUNG b
           JOIN TBL_BESTELLUNG_POS bp ON b.BESTELLUNG_NR=bp.BESTELLUNG_NR
           JOIN TBL_PRODUKT p ON bp.PRODUKT_NR=p.PRODUKT_NR
         GROUP BY to_char(b.BESTELL_DATUM,'YYYYMM')
      )
WHERE MONAT IN(201301, 201302, 201303)
```

Ergebnis:

201301	201302	201303
1 2126,05	1381,35	1921,2

Dazu gibt es seit Oracle 11g auch die PIVOT-Funktion, die aus Zeilen Spalten machen kann. Das gleiche Statement sieht dort folgendermaßen aus:

```
SELECT *
FROM (
         SELECT to_char(b.BESTELL_DATUM,'YYYYMM') AS MONAT,
              SUM(bp.ANZAHL*p.PREIS) AS UMSATZ
         FROM TBL_BESTELLUNG b
           JOIN TBL_BESTELLUNG_POS bp ON b.BESTELLUNG_NR=bp.BESTELLUNG_NR
           JOIN TBL_PRODUKT p ON bp.PRODUKT_NR=p.PRODUKT_NR
         GROUP BY to_char(b.BESTELL_DATUM,'YYYYMM')
      )
PIVOT (SUM(UMSATZ) FOR MONAT IN(201301,201302,201303) )
```

Ergebnis:

201301	201302	201303
1 2126,05	1381,35	1921,2

Wie man sieht, sind die Ergebnisse gleich. Leider kann man in der IN-Klausel keine Unterabfragen oder ähnliches verwenden, also muss man dort sämtliche Elemente von Hand angeben.

Das Gegenteil von PIVOT stellt **UNPIVOT** dar. Mit Hilfe dieser Funktion kann man aus Spalten Zeilen machen, z.B. folgendermaßen:

```
SELECT *
FROM (
        SELECT *
        FROM (
                SELECT to_char(b.BESTELL_DATUM,'YYYYMM') AS MONAT,
                        SUM(bp.ANZAHL*p.PREIS) AS UMSATZ
                FROM TBL_BESTELLUNG b
                JOIN              TBL_BESTELLUNG_POS          bp          ON
                b.BESTELLUNG_NR=bp.BESTELLUNG_NR
                        JOIN TBL_PRODUKT p ON bp.PRODUKT_NR=p.PRODUKT_NR
                        GROUP BY to_char(b.BESTELL_DATUM,'YYYYMM')
                )
        PIVOT (SUM(UMSATZ) FOR MONAT IN(201301,201302,201303) )
)
UNPIVOT (UMSATZ FOR MONAT IN("201301","201302", "201303") )
```

Ergebnis:

	MONAT		UMSATZ
1	201301		2126,05
2	201302		1381,35
3	201303		1921,2

Wie man sieht, ist die Syntax ziemlich ähnlich, außer dass man jetzt UNPIVOT anstelle von PIVOT schreibt und die Aggregatsfunktion weggelassen wird.

Übung 1: Erstellen Sie eine Kreuztabelle, in der die Monate, in den Zeilen angegeben werden. In den Spalten sollen die Umsätze für die 5 verschiedenen Produktgruppen dargestellt werden.

Übung 2: Erstellen Sie eine Kreuztabelle, in der die Kunden in den Zeilen und die Fahrer in den Spalten dargestellt werden. In den Zellen sollen dann die Anzahl der ausgelieferten Bestellungen angezeigt werden.

Reguläre Ausdrücke (Regex)

Ein regulärer Ausdruck ist eine Zeichenkette, mit deren Hilfe sich Mengen von Zeichenketten durch bestimmte syntaktische Regeln beschreiben lassen. Dabei können z.B. auch Wildcards verwendet werden.

Reguläre Ausdrücke werden häufig verwendet, um Zeichenketten auf das Vorhandensein bestimmter Buchstaben oder Buchstabenkombinationen zu überprüfen. Weiterhin werden Sie gerne für die Ähnlichkeitssuche und Pattern Matching verwendet.

In einem Pattern können einfach die Zeichen bzw. Zeichenketten angeben werden, die in dem zu suchenden String enthalten sein sollen. 'abc' sucht z.B. direkt nach der Zeichenketten 'abc' in einer anderen Zeichenkette. Dabei ist es erst einmal egal, ob diese am Anfang, am Ende oder mitten drin auftaucht.

Daneben gibt es noch viele Sonderzeichen, mit denen man flexibel auf das Vorhandensein bestimmter Buchstaben(-kombinationen) prüfen kann. Dazu ein kleiner Überblick mit den grundlegenden Möglichkeiten, zuerst die Auswahlmengen:

Auswahl	Beschreibung
[abc]	Eines der Zeichen a,b oder c
[0-6]	Eine Ziffer von 0 bis 6
[^a-f]	Ein Zeichen außer a...f
[:blank:]	Leerzeichen

Neben diesen gibt es noch sogenannte Quantoren, die beschreiben, ob und wieviele Zeichen aus den oben angebenen Auswahlen in dem String vorhanden sein müssen:

Quantor	Beschreibung
{n, m}	Der vorhergehende Ausdruck muss mindestens n-Mal vorkommen und darf maximal m-Mal vorkommen
{n}	Der vorhergehende Ausdruck muss genau n-Mal vorkommen.
*	Der vorhergehende Ausdruck darf beliebig oft (auch keinmal) vorkommen
{n,}	Der vorhergehende Ausdruck muss mindestens n-Mal vorkommen
+	entspricht {1,}
?	entspricht {0,1}

Daneben kann man mit dem Zeichen ^ festlegen, dass die folgende Zeichenkette am Anfang stehen muss und mit $, dass sie am Ende stehen muss.

Mit Hilfe dieser einfachen Grundregeln kann man schon eine ganze Menge prüfen, dazu folgende Beispiele:

Beispiel	Beschreibung
[0..9]{5}	Überprüfung von Postleitzahlen, dass diese 5stellig sind und nur die Ziffern 0 bis 9 enthalten.
^01[1-9]{2}-[1-9]{1}[0-9]*	Überprüfung von Handy-Nummern auf das richtige Format.

Oracle stellt nun folgende vier Funktionen zur Verfügung, mit deren Hilfe man die reg. Expressions verwenden kann:

Funktion	Beschreibung
regexp_like (<String>, <Muster>)	Prüft die Zeichenketten <String> auf das Pattern <Muster>. Diese Funktion kann nur in der WHERE Klausel verwendet werden. <String> kann natürlich auch ein Feld oder anderen Ausdruck sein.

regexp_InStr	Sucht nach bestimmten Patterns in einem String. Für Details siehe Oracle Dokumentation im Internet.
regexp_SubStr	Sucht nach bestimmten Patterns in einem String und schneidet diese aus. Für Details siehe Oracle Dokumentation im Internet.
regexp_Replace	Sucht nach bestimmten Patterns in einem String und ersetzt diese. Für Details siehe Oracle Dokumentation im Internet.

Dazu ein kleines Beispiel mit regexp_like, um rauszufinden, ob eine Zahl einer gültigen deutschen PLZ entspricht:

```
select 1
from dual
where regexp_like('25524', '[0-9]{5}' )
```

Wenn man mit diesem kleinen Beispiel etwas rumspielt, wird man sehen, dass sobald man eine Ziffer entfernt oder durch einen Buchstaben austauscht, nicht mehr die 1 zurück geliefert wird.

Übung 3: Zeigen Sie alle Kunden an, die in den PLZ-Gebieten 23,24 oder 25 leben.

Dieses hier war nur eine ganze kurze Einführung in die regulären Ausdrücke und wie man sie in Oracle verwenden kann. Im Internet finden sich zahlreiche tiefergehende Artikel und Tutorials zu diesem Thema.

Nützliche Funktionen

Zu guter Letzt möchte ich noch drei kleine Funktionalitäten vorstellen. Da wäre zunächst die Funktion **COALESCE**. Dieser kann man 1..n Spalten/Ausdrücke übergeben und es wird der erste Ausdruck, der not null ist gewählt. Dieses ist z.B. nützlich wenn man einen FULL-OUTER-JOIN macht und Schlüsselspalten sowohl in der einen als auch in der anderen Tabelle NULL sein können. An der Stelle kann man mit dieser Funktion relativ leicht entscheiden von welcher Seite jeweils die Schlüsselspalte kommen soll:

```
SELECT COALESCE(feb.PRODUKT_NR, mai.PRODUKT_NR) AS PRODUKT_NR,
       COALESCE(feb.BEZEICHNUNG, mai. BEZEICHNUNG) AS BEZEICHNUNG,
```

```
            feb.UMSATZ_FEB,
            mai.UMSATZ_MAI
FROM (
        SELECT p.PRODUKT_NR, p.BEZEICHNUNG,
                SUM(bp.ANZAHL*p.PREIS) AS UMSATZ_FEB
        FROM TBL_BESTELLUNG b
            JOIN TBL_BESTELLUNG_POS bp ON b.BESTELLUNG_NR=bp.BESTELLUNG_NR
            JOIN TBL_PRODUKT p ON bp.PRODUKT_NR=p.PRODUKT_NR
            WHERE to_char(b.BESTELL_DATUM,'YYYYMM')='201302'
            AND b.VERKAEUFER_NR=6
        ) feb
FULL JOIN (
        SELECT p.PRODUKT_NR, p.BEZEICHNUNG,
                SUM(bp.ANZAHL*p.PREIS) AS UMSATZ_MAI
        FROM TBL_BESTELLUNG b
            JOIN TBL_BESTELLUNG_POS bp ON b.BESTELLUNG_NR=bp.BESTELLUNG_NR
            JOIN TBL_PRODUKT p ON bp.PRODUKT_NR=p.PRODUKT_NR
            WHERE to_char(b.BESTELL_DATUM,'YYYYMM')='201305'
            AND b.VERKAEUFER_NR=6
        ) mrz
ON feb.PRODUKT_NR=mai.PRODUKT_NR
```

Ergebnis:

▷ Abfrageergebnis ×

📌 🖨 🔍 🔍 SQL | Alle Zeilen abgerufen: 15 in 0,035 Sekunden

	PRODUKT_NR	BEZEICHNUNG	UMSATZ_FEB	UMSATZ_MAI
1	11	Cola 0,33l	17,5	(null)
2	2	Grillteller	104,65	29,9
3	3	Pizza Salami	5,6	16,8
4	9	Lasagne	36	13,5
5	6	Pizza Spezial	69,5	(null)
6	7	Pizza Vital	46,4	(null)
7	13	Wasser 1,5l K...	14	10
8	14	Obstsalat	24	21
9	8	Spagetti Bolo...	22,5	13,5
10	1	Rumpsteak	188,55	62,85

Die nächste praktische Funktionalität ist das sogenannte Subquery Refactoring mit **WITH**. Dieses dient dazu Unterabfragen einmalig in der Abfrage zu definieren und diese dann mehrfach zu verwenden in der eigentlichen Abfrage. Die Datenbank entscheidet dann zur Laufzeit, ob die entsprechenden Unterabfrage als Temporäre Tabelle oder als Inline View umgesetzt werden. Dazu folgendes kleines Beispiel:

```
WITH prod_ums AS (
                SELECT p.PRODUKT_NR, p.BEZEICHNUNG,
                        SUM(bp.ANZAHL*p.PREIS) AS UMSATZ
                FROM TBL_PRODUKT p
                    JOIN TBL_BESTELLUNG_POS bp ON bp.PRODUKT_NR=p.PRODUKT_NR
                GROUP BY p.PRODUKT_NR, p.BEZEICHNUNG
```

```
        ),
     ums_avg AS (
        SELECT AVG(UMSATZ) AS AVG_UMSATZ
        FROM prod_ums
     )
SELECT *
FROM prod_ums
WHERE UMSATZ>(SELECT AVG_UMSATZ FROM ums_avg)
```

Ergebnis:

	PRODUKT_NR	BEZEICHNUNG	UMSATZ
1	2	Grillteller	3303,95
2	6	Pizza Spezial	1612,4
3	7	Pizza Vital	1363
4	1	Rumpsteak	4546,15

Mit Hilfe des WITH-Statements werden zunächst zwei Abfragen vordefiniert. Diese bekommen die Aliase prod_ums und ums_avg. Es folgt die Hauptabfrage in der mit den beiden Aliasen weiter gearbeitet wird. Wie gesagt, die Datenbank entscheidet selbst je nach Abfrage, ob es Sinn macht, die Ergebnisse in einer temporären Tabelle zwischen zu speichern und damit weiter zu rechnen oder ob die Abfragen an den entsprechenden Stellen als INLINE View eingesetzt werden.

Klassische Views

Als nächstes soll das Konzept der Views vorgestellt werden. Eine View ist sozusagen das Ablegen eines SQL Statements unter einem Namen in der Datenbank. Diese View kann man dann wie eine normale Tabelle in anderen SQLs verwenden. In folgendem Beispiel erzeugen wir erst eine einfache View, die uns nur die Hamburger Kunden anzeigen soll und greifen dann in einem weiteren SQL auf diese zu:

```
CREATE VIEW V_KUNDEN_HAMBURG AS
SELECT *
FROM TBL_KUNDE
WHERE ORT='Hamburg';


SELECT KUNDE_NR, VORNAME, NACHNAME, PLZ, ORT
FROM V_KUNDEN_HAMBURG;
```

Ergebnis:

	KUNDE_NR	VORNAME	NACHNAME	PLZ	ORT
1	1	Horst	Huber	20357	Hamburg
2	2	Erika	Schmidt	22512	Hamburg
3	3	Bert	Müller	22123	Hamburg

Man kann die Views überall da verwenden, wo man auch Tabellen verwendet. Man kann Views auch updaten, allerdings nur, wenn sie sich auf eine einzelne Tabelle beziehen. Folgendes Beispiel verwendet die oben erstellte View und verknüpft diese mit den Bestelldaten und das Ergebnis wird in einer neuen View abgelegt:

```
CREATE VIEW V_ANZ_BESTELLUNGEN_KUNDEN_HH AS
SELECT k.KUNDE_NR, k.VORNAME, k.NACHNAME,
       Count(distinct b.BESTELLUNG_NR) AS ANZ_BESTELLUNGEN
FROM V_KUNDEN_HAMBURG k
   JOIN TBL_BESTELLUNG b ON k.KUNDE_NR=b.KUNDE_NR
GROUP BY k.KUNDE_NR, k.VORNAME, k.NACHNAME;


SELECT *
FROM V_ANZ_BESTELLUNGEN_KUNDEN_HH;
```

Ergebnis:

	KUNDE_NR	VORNAME	NACHNAME	ANZ_BESTELLUNGEN
1	3	Bert	Müller	37
2	1	Horst	Huber	39
3	2	Erika	Schmidt	32

Um eine View zu löschen verwendet man folgende Syntax:

```
DROP VIEW V_ANZ_BESTELLUNGEN_KUNDEN_HH;
```

Da Views nur ein abgelegtes SQL sind und diese somit auch keine Daten enthalten, sind die Ergebnisse auch immer aktuell. D.h. wenn ich z.B. Die View V_ANZ_BESTELLUNGEN_KUNDEN_HH an zwei verschiedenen Tage verwende, können die Inhalte komplett unterschiedlich sein. Je nachdem ob neue Bestellungen in der Zwischenzeit in die zugrundeliegende Tabelle eingefügt wurden oder nicht.

Das hat natürlich den großen Vorteil, dass man z.B. bestimmte wiederkehrende Abfragen als View in der Datenbank ablegen kann und auf diese dann z.B. mit Excel relativ einfach zugreifen kann oder auch andere Kollegen darauf zugreifen lasse.

Übung 1: Erstellen Sie die neue View V_UMSATZ_PRODUKT, die pro Produkt den Gesamtumsatz darstellt. Für das Produkt sollen alle Spalten ausgegeben werden.

Berechtigungen in Oracle

Oracle verfügt über umfangreiche Möglichkeiten, Zugriffsrechte auf Objekte zu verwalten und somit zu steuern, wer worauf genau zugreifen darf. Dazu gibt es die zwei Befehle **GRANT** und **REVOKE**, um ein bestimmtes Zugriffsrecht zuzuweisen oder wieder zurückzunehmen. Damit kann der Eigentümer des Objektes, d.h. derjenige der es angelegt hat oder der DB Administrator, entsprechende Rechte festlegen. In folgendem Beispiel weisen wir den Usern TEST2 und TEST3 Leserechte auf die Tabelle TBL_KUNDE zu. Dazu müssen wir als Benutzer TEST (Eigentümer von TBL_KUNDE) angemeldet sein.

Man kann auch nur einen Benutzer angeben oder mit dem Schlüsselwort **PUBLIC** allen Benutzern ein Recht zuweisen:

```
GRANT SELECT ON TBL_KUNDE TO TEST2, TEST3;
```

Jetzt können wir uns mit dem Benutzer TEST2 oder TEST3 anmelden und prüfen, auf welche Tabellen wir zugreifen können. Entweder indem wir im SQL Developer im Objektbrowser (linke Seite) unter Andere Benutzer -> TEST -> Tabellen navigieren oder folgendes SQL ausprobieren:

```
SELECT *
FROM TEST.TBL_KUNDE;
```

Ergebnis:

	KUNDE_NR	VORNAME	NACHNAME	STRASSE	PLZ	ORT	GESCHLECHT	GEBURTSTAG
1	1	Horst	Huber	Karolinenweg 11a	20357	Hamburg	M	01.05.75 00:00:00
2	2	Erika	Schmidt	Goethestraße 5	22512	Hamburg	F	05.10.85 00:00:00
3	3	Bert	Müller	Schwedenweg 22	22123	Hamburg	m	03.02.79 00:00:00
4	4	Hubertus	Meyer-Huber	Hamburger Straße 67	24106	Kiel	M	15.07.58 00:00:00
5	5	Hanna	von Bergmann	Werftstraße 22	24145	Kiel	f	17.09.65 00:00:00
6	6	Tobias	Maier	Fördeweg 2	26105	Flensburg	M	03.03.92 00:00:00
7	7	Fabian	Lindemann	Kieler Straße 102	23809	Lübeck	m	01.09.73 00:00:00

Wir sehen also, dass wir auf alle Daten aus TBL_KUNDE zugreifen können. Bitte beachten Sie, dass sie vor den Tabellennamen den Namen des anderen Users bzw. Schemas schreiben müssen, damit Oracle die richtige Tabelle ansprechen kann.

Das entziehen von Rechten erfolgt analog:

```
REVOKE SELECT ON TBL_KUNDE FROM TEST2;
```

In der folgenden Tabelle sind alle möglichen Zugriffsrechte aufgelistet:

Privilege	Beschreibung
SELECT	Lesender Zugriff. Es können keine Spalten angegeben werden.
UPDATE <column1, column2, …>	Ändernder Zugriff. Es können die Spalten angegeben werden, auf die zugegriffen werden kann. Falls nichts angegeben wird, sind alle Spalten im Zugriff.
DELETE	Löschen von Datensätzen.
INSERT	Einfügen von neuen Datensätzen.
REFERENCE <column1, column2, …>	Erstellung von Fremdschlüsseln. Es können die Spalten angegeben werden, auf die zugegriffen werden kann. Falls nichts angegeben wird, sind alle Spalten im Zugriff.
ALL PRIVILEGES	Alle Zugriffsrechte auf die Tabelle.

Tab.6: Übersicht Zugriffsrechte

Diese Rechte sind speziell für Tabellen und Views gedacht. Es gibt noch weitere Rechte für andere Objekte wie Prozeduren, etc. Dieses behandeln wir hier aber erstmal nicht. Auch das Anlegen von Benutzern und Zuweisung von entsprechenden Rollen wird hier nicht behandelt, da das vorrangig Aufgabe des Datenbank Administrators ist.

Übung 2: Überlegen Sie sich, mit welchem Konstrukt man realisieren kann, dass Benutzer TEST2 nur bestimmte Spalten (KUNDE_NR, VORNAME, NACHNAME) aus der Tabelle TBL_KUNDE lesen kann?

Weitere nützliche Funktionen

In diesem Abschnitt möchte ich noch weitere nützliche Funktionen vorstellen. Manchmal möchte man IF THEN ELSE Konstrukte in Berechnungen verwenden, um z.B. die Produkte nach ihrem Umsatz in drei Gruppen einzuteilen. Dazu kann man folgenden Befehl verwenden:

```
CASE
        WHEN <BEDINGUNG1> THEN <AUSDRUCK1>
        WHEN <BEDINGUNG2> THEN <AUSDRUCK2>
        ....
        ELSE <AUSDRUCK>
END
```

Ein kleines Beispiel dazu:

```
SELECT PRODUKT_NR, BEZEICHNUNG, UMSATZ,
    CASE
        WHEN UMSATZ<700 THEN 'A'
        WHEN UMSATZ BETWEEN 700 AND 1000 THEN 'B'
        ELSE 'C'
    END AS UMSATZ_GRUPPE
FROM V_UMSATZ_PRODUKT
ORDER BY 3 ASC
```

Ergebnis:

PRODUKT_NR	BEZEICHNUNG	UMSATZ	UMSATZ_GRUPPE
1	11 Cola 0,33l	348,25	A
2	13 Wasser 1,5l Kohlensäure	428	A
3	12 Bier Holsten 0,5l	532	A
4	14 Obstsalat	696	A
5	15 Tiramisu	832	B
6	9 Lasagne	873	B
7	8 Spagetti Bolognese	873	B
8	10 Tagliatelle Carbonara	1062	C
9	3 Pizza Salami	1181,6	C
10	5 Pizza Thunfisch	1195,6	C

Die nächste Funktion, die ich hier noch vorstellen möchte, ist die Funktion **DECODE**. Mit dieser können relativ leicht IF-Vergleiche auf Gleichheit durchgeführt werden. Z.B. wenn man obiges Beispiel erweitern möchte, um zu den Gruppen die Umsatz-Bandbreite mit anzugeben. Der Funktion kann man mehrere Argumente übergeben:

DECODE (<Spalte>, <Wert1>, <Ersetzungswert1>, <Wert2>, …., <Sonst-Wert>)

Im Beispiel sieht das dann folgendermaßen aus:

```
SELECT x.*,
    DECODE(UMSATZ_GRUPPE, 'A', '0€ ... 700€', 'B', '>700€ ... 1000€', '>100€ ... ')
    AS GRUPPE_BEZ
FROM (
    SELECT PRODUKT_NR, BEZEICHNUNG, UMSATZ,
        CASE
            WHEN UMSATZ<700 THEN 'A'
            WHEN UMSATZ BETWEEN 700 AND 1000 THEN 'B'
            ELSE 'C'
        END AS UMSATZ_GRUPPE
    FROM V_UMSATZ_PRODUKT
    ORDER BY 3 ASC
) x
```

Ergebnis:

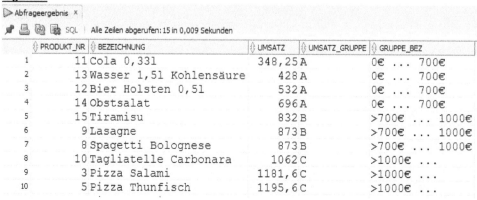

PRODUKT_NR	BEZEICHNUNG	UMSATZ	UMSATZ_GRUPPE	GRUPPE_BEZ
1	11 Cola 0,33l	348,25	A	0€ ... 700€
2	13 Wasser 1,5l Kohlensäure	428	A	0€ ... 700€
3	12 Bier Holsten 0,5l	532	A	0€ ... 700€
4	14 Obstsalat	696	A	0€ ... 700€
5	15 Tiramisu	832	B	>700€ ... 1000€
6	9 Lasagne	873	B	>700€ ... 1000€
7	8 Spagetti Bolognese	873	B	>700€ ... 1000€
8	10 Tagliatelle Carbonara	1062	C	>1000€ ...
9	3 Pizza Salami	1181,6	C	>1000€ ...
10	5 Pizza Thunfisch	1195,6	C	>1000€ ...

Die Unterabfrage ist identisch zu der Abfrage aus dem Beispiel zu CASE WHEN END. Die DECODE-Funktion sitzt jetzt noch on top und prüft in diesem Fall die Spalte UMSATZ_GRUPPE aus der Unterabfrage. Wenn diese den Wert ‚A' annimmt, wird '0€ … 700€' zurückgeliefert. Wenn die Spalte den Wert 'B' annimmt, dann '>700€ … 1000€', usw.

Übung 3: Erstellen Sie eine View, in der pro Kunde (KUNDE_NR) dargestellt wird, ob der Kunde mehr als 5 Bestellungen aufgegeben hat oder nicht.

Aufgaben

(1) Sie haben den Auftrag die Rechte für sämtliche Tabellen des Benutzers TEST neu zu ordnen. Melden Sie sich dazu zunächst als Benutzer TEST an:

    (a) Entziehen Sie allen anderen Benutzern alle bisher vergebenen Rechte auf Tabelle TBL_KUNDE.

    (b) Weisen Sie dem Benutzer TEST2 das Recht zu, die Tabelle TBL_PRODUKT zu lesen

    (c) Weisen Sie dem Benutzer TEST2 das Recht zu, die Spalte PREIS in der Tabelle TBL_PRODUKT zu ändern.

    (d) Testen Sie obige Rechte, indem Sie mit dem Benutzer TEST2 versuchen, auf die Tabellen TBL_KUNDE und TBL_PRODUKT zuzugreifen. Versuchen Sie den Preis des Produkts Nr. 16 auf 1 zu ändern.

(2)

    (a) Erstellen Sie eine View, die den Gesamtumsatz berechnet auf Basis der bereits erstellten View V_PRODUKT_UMSATZ.

    (b) Ergänzen Sie nun die Spalte UMSATZ_PRODUKT (NUMBER(10,2)) an der Tabelle TBL_PRODUKT und befüllen Sie diese mit Hilfe der View V_PRODUKT_UMSATZ.

    (c) Ergänzen Sie eine weitere Spalte UMSATZ_ANTEIL (NUMBER(10,2)) und füllen Sie diese nun mit Hilfe der in dieser Aufgabe erstellten View und der ergänzten Spalte UMSATZ_PRODUKT. (Runden sie auf 2 Nachkommastellen)

Anhang 1 – Unterschiede Oracle und MS SQL Server

In diesem Anhang stelle ich kurz die wesentlichen Unterschiede zwischen Oracle und Microsoft SQL Server vor. Die größten Unterschiede gibt es im Bereich der Built-In-Functions und zwar im Wesentlichen in der Namensgebung.

Um ein besseres Gefühl für die Unterschiede zu bekommen, habe ich auf der CD die Kursbeispiele und Musterlösungen der Aufgaben sowohl für Oracle als auch für MS SQL Server abgelegt. Dort kann man dann direkt gucken, wie sich die Skripte im Detail ändern.

Datentypen

Die vier wesentlichen Datentypen, die in diesem Kurs verwendet wurden, lassen sich in folgende MS SQL Datentypen umsetzten:

Oracle	MS SQL
NUMBER	INTEGER, SMALLINT, TINYINT, NUMERIC(p,s)
VARCHAR2	VARCHAR
DATE	DATETIME
BLOB	BINARY / VARBINARY

Tab.8: Oracle Datentypen vs. SQL Server Datentypen

Der wesentliche Unterschied besteht dabei in der Umsetzung des Oracle NUMBER Datentyps. Dort gibt es mehrere Möglichkeiten auf MS SQL Server. INTEGER, SMALLINT und TINYINT sind dabei ganzzahlige Datentypen, REAL und FLOAT Datentypen mit Nachkommastellen.

Built In Functions

Oracle	MS SQL
To_Date(<Wert> [, <Format>])	Convert(DATETIME, <Wert> [, <Format>]) Format-Konstanten sind in http://technet.microsoft.com/en-us/library/ms187928.aspx erklärt.
To_Char(<Wert> [, <Format>])	Convert(VARCHAR(<Zeichen>), <Wert> [, <Format>]) Format-Konstanten sind in http://technet.microsoft.com/en-us/library/ms187928.aspx erklärt. Mit <Zeichen> kann bestimmt werden, wie groß die Zielzeichenkette ist.
To_Number (<Zeichenketten>)	Convert(<Datentyp>, <Wert> [, <Format>])

	Format-Konstanten sind in http://technet.microsoft.com/en-us/library/ms187928.aspx erklärt.
Round (<Zahl>, <Stellen>)	Round (<Zahl>, <Stellen>)
Substr (<Text>, <Start>[, <Anz. Zeichen>])	Substring(<Text>, <Start>, <Anz. Zeichen>) <Anz.Zeichen> ist in MS SQL nicht optional.
Length (<Text>)	Len (<Text>)
InStr (<Text>, <Zeichen>, <Start Pos.>)	CharIndex (<Zeichen>, <Text> , <Start Pos>)
Replace (<Text>, <Zeichen>, <Zeichen_Neu>)	Replace (<Text>, <Zeichen>, <Zeichen_Neu>)
Concat (<Text1>, <Text2>, ...)	Concat (<Text1>, <Text2>, ...)
LTrim/RTrim (<Text> [, <Zeichen>])	LTrim/RTrim (<Text>) → entfernt nur führende Leerzeichen.
NVL (<Feld>, <Nullwertzeichen>)	isnull((<Feld>, <Nullwertzeichen>)
ADD_MONTHS (<Datum>, <Monate<)	dateadd(<Format>, <Monate>,<Datum>) <Format>=mm, um Monate zu addieren. Die Funktion kann auch verwendet werden, um ganze Jahre oder Tage zu addieren. Dazu muss in Format dann yy oder dd eingesetzt werden.
LAST_DAY (<Datum>)	---
UPPER / LOWER (<Text>)	UPPER / LOWER (<Text>)
RPad(<Text>, <Breite> [, <Zeichen>])	Replicate(<Zeichen>, <Breite>) Funktion in MS SQL erstellt String, in dem n mal das Zeichen ist. Kann dann mit anderen Strings verknüpft werden. R/LPAD macht das gleich mit.
ABS (<Zahl>)	ABS (<Zahl>)
SYSDATE / SYSTIMESTAMP	Getdate()
TRUNC (<Zahl>, <Anzahl>)	---
<Datum1> - <Datum2> → Ergebnis in Tagen	DATEDIFF(<Format>, <Datum1>, <Datum2>)

	<Format>=DD, dann Rückgabe in Tagen. Mit MM oder YY können Monate und Jahre zurückgegeben werden.

Tab.9: Vergleich Oracle- und MS SQL Server-Funktionen

Syntax

Ein Großteil der Syntax ist identisch im SQL Server und Oracle. Es gibt allerdings ein paar kleine Unterschiede, die im folgende dargestellt werden:

Oracle	MS SQL
Dual Tabelle	Gibt es nicht in MS SQL. Stattdessen können hier SELECTs ohne FROM Klausel geschrieben werden.
<SCHEMA>.<TABELLE>	Erweiterung um Datenbank möglich, d.h. [<DATANBANK>].<OWNER>.<TABELLE>
INSERT INTO <TABELLE> SELECT * FROM ….	SELECT * INTO <TABELLE> FROM ….
Mod (x,y)	X % y
Stringverkettung mit ||	Stringverkettung mit +
INTERSECT	---
MINUS	---
RENAME <TABLE1> TO <TABLE2>	SP_RENAME '<TABLE1>', '<TABLE2>'
ALTER TABLE <Tabelle> DISABLE / ENABLE CONSTRAINT <Constraint>	ALTER TABLE <Tabelle> NOCHECK / CHECK CONSTRAINT <Constraint>
ALTER TABLE <Tabelle> ADD (<Spaltendef>)	ALTER TABLE <Tabele> ADD <Spaltendef>
Kein Auto-Commit. Alle Transaktionen müssen mit COMMIT beendet werden.	Auto-Commit. Wenn keine Transaktion geöffnet wurde, werden alle Datensätze automatisch commited.
Funktionen in DEFAULT Klausel	Keine Funktionen erlaubt in DEFAULT Klausel
ALTER TABLE <Tabelle> DROP (<Spalte>)	ALTER TABLE <Tabelle> DROP COLUMN <Spalte>
TOP-N Query mittels ROWNUM	Schlüsselwort TOP <n> im SELECT
Analytische Funktionen	Ebensfalls vorhanden

DECODE (<Ausdr.>, <Wenn1>, <Dann1>, ..., <Else>)	CASE WHEN.... THEN.... ELSE.... END

Tab.10: Vergleich Syntax Oracle und MS SQL Server

Sonstiges

- Häufig möchte man mit einem Ausdruck wie To_char(<Datum>, 'YYYYMM') auf bestimmte Monate filtern. In MS SQL Server sähe das folgendermaßen aus: convert (VARCHAR(6), <Datum>, 120) → Mittels der 120 wird festgelegt, dass die Umwandlung des Datums in der Form YYYYMMDD erfolgen soll. Dadurch, dass man bei der Angabe des Datentyps die Länge des Strings von 6 mitgegeben hat, wird das zurückgelieferte Datum in der Form YYYYMMDD gekürzt auf YYYYMM, also das was das Ergebnis sein sollte.

- Update mit SubSelect: Tabelle, die geupdated werden soll, kann in der SubQuery nicht via Alias angesprochen werden, sondern es muss der Tabellenname direkt verwendet werden.

Anhang 2 – Unterschiede Oracle und My SQL

In diesem Anhang stelle ich kurz die wesentlichen Unterschiede zwischen Oracle und MySQL vor. Die größten Unterschiede gibt es im Bereich der Built-In-Functions und zwar im Wesentlichen in der Namensgebung.

Datentypen

Die vier wesentlichen Datentypen, die in diesem Kurs verwendet wurden, lassen sich in folgende MySQL Datentypen umsetzten:

Oracle	MySQL
NUMBER	INTEGER, BIGINT, TINYINT, NUMERIC(p,s)
VARCHAR2	VARCHAR
DATE	DATE/DATETIME
BLOB	BLOB

Tab.8: Oracle Datentypen vs. SQL Server Datentypen

Der wesentliche Unterschied besteht dabei in der Umsetzung des Oracle NUMBER Datentyps. Dort gibt es mehrere Möglichkeiten unter MySQL. INTEGER, SMALLINT und TINYINT sind dabei ganzzahlige Datentypen, NUMERIC Datentypen mit Nachkommastellen.

Built In Functions

Oracle	MySQL
To_Date(<Wert> [, <Format>])	STR_TO_DATE(<String>, <Format>) Format-Konstanten unterscheiden sich von Oracle und sind unter http://dev.mysql.com/doc/refman/5.0/en/date-and-time-functions.html#function_date-format erklärt.
To_Char(<Wert> [, <Format>])	DATE_FORMAT(<String>, <Format>) Format-Konstanten unterscheiden sich von Oracle und sind unter http://dev.mysql.com/doc/refman/5.0/en/date-and-time-functions.html#function_date-format erklärt.
To_Number (<Zeichenketten>)	CAST(<Wert> AS <Datentyp>) Informationen zu den erlaubten Datentypen unter: http://dev.mysql.com/doc/refman/5.0/en/cast-functions.html#function_cast

Round (<Zahl>, <Stellen>)	Round (<Zahl>, <Stellen>)
Substr (<Text>, <Start>[, <Anz. Zeichen>])	Substr(<Text>, <Start>[, <Anz. Zeichen>])
Length (<Text>)	Length (<Text>)
InStr (<Text>, <Zeichen>, <Start Pos.>)	Locate (<Zeichen>, <Text> , <Start Pos>)
Replace (<Text>, <Zeichen>, <Zeichen_Neu>)	Replace (<Text>, <Zeichen>, <Zeichen_Neu>)
Concat (<Text1>, <Text2>, ...)	Concat (<Text1>, <Text2>, ...)
LTrim/RTrim (<Text> [, <Zeichen>])	LTrim/RTrim (<Text>) → entfernt nur führende Leerzeichen.
NVL (<Feld>, <Nullwertzeichen>)	IFNULL((<Feld>, <Nullwertzeichen>)
ADD_MONTHS (<Datum>, <Monate<)	ADDDATE(<Datum>, INTERVAL <Monate> MONTH) Die Funktion kann auch verwendet werden, um ganze Jahre oder Tage zu addieren. Dazu muss anstatt MONTH, DAY oder YEAR geschrieben werden.
LAST_DAY (<Datum>)	LAST_DAY (<Datum>)
UPPER / LOWER (<Text>)	UPPER / LOWER (<Text>)
RPad(<Text>, <Breite> [, <Zeichen>])	RPad(<Text>, <Breite> [, <Zeichen>])
ABS (<Zahl>)	ABS (<Zahl>)
SYSDATE / SYSTIMESTAMP	CURDATE() / CURTIME() / SYSDATE()
TRUNC (<Zahl>, <Anzahl>)	TRUNCATE (<Zahl>, <Anzahl>)
<Datum1> - <Datum2> → Ergebnis in Tagen	DATEDIFF(<Datum1>, <Datum2>) Ergebnis ebenfalls in Tagen.
DECODE (<Ausdr>, <Wenn1>,<Dann1>, ...,<ELSE>)	CASE WHEN.... THEN.... ELSE.... END

Tab.9: Vergleich Oracle- und MySQL-Funktionen

Syntax

Ein Großteil der Syntax ist identisch im SQL Server und Oracle. Es gibt allerdings ein paar kleine Unterschiede, die im folgende dargestellt werden:

Oracle	MySQL
Dual Tabelle	Gibt es auch in MySQL. Es können aber auch SELECTs ohne FROM Klausel geschrieben werden.
<SCHEMA>.<TABELLE>	<SCHEMA>.<TABELLE>
INSERT INTO <TABELLE> SELECT * FROM	Identisch zu Oracle.
Mod (x,y)	X % y
Stringverkettung mit ||	Stringverkettung nur mit Funktion CONCAT(...)
INTERSECT	---
MINUS	---
RENAME <TABLE1> TO <TABLE2>	RENAME TABLE <TABLE1> TO <TABLE2>
ALTER TABLE <Tabelle> DISABLE / ENABLE CONSTRAINT <Constraint>	Nur mittels DROP und ADD realisierbar.
ALTER TABLE <Tabelle> ADD (<Spaltendef>)	ALTER TABLE <Tabele> ADD <Spaltendef>
Kein Auto-Commit. Alle Transaktionen müssen mit COMMIT beendet werden.	Normalerweise Auto-Commit. Ansonsten mit BEGIN, COMMIT und ROLLBACK.
Funktionen in DEFAULT Klausel	Keine Funktionen erlaubt in DEFAULT Klausel außer bei Datentyp TIMESTAMP die Funktion CURRENT TIMESTAMP.
ALTER TABLE <Tabelle> DROP (<Spalte>)	ALTER TABLE <Tabelle> DROP COLUMN <Spalte>
TOP-N Query mittels ROWNUM	Schlüsselwort LIMIT <n> im ORDER BY
Analytische Funktionen	---

Tab.10: Vergleich Syntax Oracle und My SQL

Anhang 3 – Unterschiede Oracle und DB2

In diesem Anhang stelle ich kurz die wesentlichen Unterschiede zwischen Oracle und DB2 vor. Die größten Unterschiede gibt es im Bereich der Built-In-Functions und zwar im Wesentlichen in der Namensgebung.

Datentypen

Die vier wesentlichen Datentypen, die in diesem Kurs verwendet wurden, lassen sich in folgende DB2 Datentypen umsetzten:

Oracle	DB2
NUMBER	INTEGER, BIGINT, TINYINT, NUMERIC(p,s)
VARCHAR2	VARCHAR
DATE/TIMESTAMP	DATE/TIMESTAMP
BLOB	BINARY

Tab.8: Oracle Datentypen vs. DB2 Datentypen

Der wesentliche Unterschied besteht dabei in der Umsetzung des Oracle NUMBER Datentyps. Dort gibt es mehrere Möglichkeiten unter DB2. INTEGER, SMALLINT und TINYINT sind dabei ganzzahlige Datentypen, NUMERIC Datentypen mit Nachkommastellen.

Built In Functions

Oracle	DB2
To_Date(<Wert> [, <Format>])	To_Date(<Wert> [, <Format>])
To_Char(<Wert> [, <Format>])	To_Char(<Wert> [, <Format>])
To_Number (<Zeichenketten>)	To_Number (<Zeichenketten>)
Round (<Zahl>, <Stellen>)	Round (<Zahl>, <Stellen>)
Substr (<Text>, <Start>[, <Anz. Zeichen>])	Substr(<Text>, <Start>[, <Anz. Zeichen>])
Length (<Text>)	Length (<Text>)
InStr (<Text>, <Zeichen>, <Start Pos.>)	Locate (<Zeichen>, <Text> , <Start Pos>)
Replace (<Text>, <Zeichen>, <Zeichen_Neu>)	Replace (<Text>, <Zeichen>, <Zeichen_Neu>)
Concat (<Text1>, <Text2>, ...)	Concat (<Text1>, <Text2>, ...)
LTrim/RTrim (<Text> [, <Zeichen>])	LTrim/RTrim (<Text>) → entfernt nur führende Leerzeichen.
NVL (<Feld>, <Nullwertzeichen>)	NVL((<Feld>, <Nullwertzeichen>)

ADD_MONTHS (<Datum>, <Monate>)	ADD_MONTHS (<Datum>, <Monate>)
LAST_DAY (<Datum>)	LAST_DAY (<Datum>)
UPPER / LOWER (<Text>)	UPPER / LOWER (<Text>)
RPad(<Text>, <Breite> [, <Zeichen>])	RPad(<Text>, <Breite> [, <Zeichen>])
ABS (<Zahl>)	ABS (<Zahl>)
SYSDATE / SYSTIMESTAMP	Current Date / Current Timestamp
TRUNC (<Zahl>, <Anzahl>)	TRUNC(<Zahl>, <Anzahl>)
<Datum1> - <Datum2> → Ergebnis in Tagen	<Datum1> - <Datum2>

Tab.9: Vergleich Oracle- und DB2-Funktionen

Syntax

Ein Großteil der Syntax ist identisch zwischen DB2 und Oracle. Es gibt allerdings ein paar kleine Unterschiede, die im folgende dargestellt werden:

Oracle	DB2
Dual Tabelle	Tabelle sysibm.sysdummy1
<SCHEMA>.<TABELLE>	<SCHEMA>.<TABELLE>
INSERT INTO <TABELLE> SELECT * FROM ….	Identisch zu Oracle.
Mod (x,y)	Mod (x, y)
Stringverkettung mit ||	Stringverkettung mit || oder mit Funktion CONCAT(…)
INTERSECT	INTERSECT
MINUS	MINUS
RENAME <TABLE1> TO <TABLE2>	RENAME <TABLE1> TO <TABLE2>
ALTER TABLE <Tabelle> DISABLE / ENABLE CONSTRAINT <Constraint>	Nur mittels DROP und ADD realisierbar.
ALTER TABLE <Tabelle> ADD (<Spaltendef>)	ALTER TABLE <Tabele> ADD <Spaltendef>
Kein Auto-Commit. Alle Transaktionen müssen mit COMMIT beendet werden.	Normalerweise Auto-Commit. Ansonsten mit COMMIT und ROLLBACK.

Funktionen in DEFAULT Klausel	Keine Funktionen erlaubt in DEFAULT Klausel.
ALTER TABLE <Tabelle> DROP (<Spalte>)	ALTER TABLE <Tabelle> DROP COLUMN <Spalte>

Tab.10: Vergleich Syntax Oracle und DB2

Anhang 4 – Wo finde ich die Musterlösungen?

Die Musterlösungen können unter folgendem Link runtergeladen werden: http://gaussling.com/buch_sql_grundlagen

Falls es mit diesem Link Probleme geben sollte oder Sie Fragen/Anmerkungen/Anregungen an den Autor haben, können Sie mir eine eMail schreiben an: fabian@gaussling.com

Gefällt Ihnen dieses eBook?

Dann freue ich mich über eine
kurze Bewertung bei Amazon

Vielen Dank!

Über den Autor

Ich bin freiberuflicher Datenbankentwickler, Trainer und Fachbuchautor aus Kiel. Mittlerweile arbeite ich seit über 10 Jahren in diesem Bereich. Zu meinen Kunden zählen Unternehmen in unterschiedlichen Größen und Branchen. Von der Bank bis hin zum Steckdosenproduzenten, von kleineren Firmen bis hin zu Großkonzernen.

Nebenbei verfasse ich eBooks und schreibe regelmäßig in meinem BLOG zu Themen wie Datenbanken, SQL, NoSQL, MDX, Cognos, Datawarehouse, etc. Getreu meinem Motto „aus der Praxis für die Praxis" entstehenden dabei praktische Tutorials und Ratgeber, um sich im Datenbankenbereich zurecht zu finden.

Weitere Infos zu mir: Jahrgang 1981, diplomierter Wirtschaftsinformatiker, Erfahrung sowohl als Kunde, als auch als Unternehmensberater.

Haben Sie noch Fragen?

Kontaktieren Sie mich gerne per eMail: fabian@gaussling.com

Oder verbinden Sie sich mit mir auf…

> … XING

> … LinkedIn

> … Google+

> … Twitter

Mehr Datenbankwissen gibt es…

> … in meinem Newsletter (jetzt abonnieren)

> … auf meinem BLOG: http://bi-solutions.gaussling.com

> … auf meiner Homepage: http://gaussling.com

Weitere eBooks und Schulungen von mir

MDX Grundlagen
Einführung in multidimensionale Datenbanken

Sie wollten schon immer mit multidimensionalen Datenbanken, sog. OLAP Cubes arbeiten? Dabei hilft Ihnen dieses eBook bei Ihren ersten Schritten mit MDX, der Abfragesprache für multidimensionale Datenbanken. Sie lernen Schritt für Schritt alle notwendigen Grundlagen, um selbstständig MDX Abfragen schreiben zu können:

- Datenbanktheorie
- Unterschiede MDX vs. SQL
- Einfache Abfragen erstellen (Berechnungen, Filter, Slicer, Sortierung)
- Navigationsfunktionen
- Mengenfunktionen
- Aggregatsfunktionen
- Zeitfunktionen
- u.v.m.

Das Buch arbeitet mit Microsoft's SSAS (SQL Server Analytic Services). Es kann allerdings auch für andere OLAP Cubes, wie z.B. Cognos Powercubes, Hyperion, Cubeware, etc. verwendet werden. . Im Buch sind außerdem zahlreiche Übungen & Aufgaben eingearbeitet. Die Lösungen zu diesen Aufgaben stehen auf meiner Homepage zum kostenlosen Download zur Verfügung.

Dieses Buch ist bei Amazon.de verfügbar.

Einführung Datenbankmodellierung
Design & Konzeption von Datenbanken

Sie wollten schon immer Ihr Know How im Datenbankenbereich ausbauen und z.B. eigenen Datenbanken entwerfen? Dann ist dieses Buch das Richtige für Sie. Es stellt eine Einführung in die Modellierung von Datenbanksystemen dar. Auf unterschiedliche Modellierungsarten (3. Normalform, Stern Schema, Data Vault) wird intensiv eingegangen. Dieses Buch ist ausgelegt für Anfänger im Bereich Datenbankmodellierung:

- Theoretische Grundlagen Datenbankmodellierung
- Von der Anforderung zum Modell
- Erstellung von Modellen in 3. Normalform
- Normalisierung
- Star Schema Modellierung
- u.v.m.

Das Buch beinhaltet zahlreiche praktische Übungen zur Vertiefung und praktischen Anwendung der neu erworbenen Kenntnisse. Die Musterlösungen können auf der Homepage des Autors runtergeladen werden.

Dieses Buch ist bei Amazon.de verfügbar.

SQL Basics Schulung

Die 3-tägige SQL Schulung Basics bildet die Grundlage für jede Tätigkeit im Datenbankenumfeld. SQL ist eine Sprache, um relationale Datenbanken abzufragen, d.h um sich die relevanten Daten für eine bestimmte Fragestellung zusammen suchen zu lassen. Dieses ist notwendig, da sich in Datenbanken in der Regel tausende bis hin zu Millionen Datensätze befinden.

Diese Schulung startet mit grundlegenden Datenbankbegriffen und -konzepten (DBMS, Tabelle, Relation, Normalform). Daran schließt sich die Erstellung der Trainingsdatenbank (Tabellen anlegen, DML-Operationen, ...) an. Es folgt nun die Einführung des zentralen Elements: Die SELECT Anweisung. Angefangen mit einfachen Abfragen, werden diese stetig um weitere Teile und Konzepte erweitert, bis letztendlich verschachtelte Abfragen auf mehrere Tabellen erstellt werden können.

Bei dieser SQL Schulung wird Wert gelegt auf hohen Praxisbezug und Nutzen für die tägliche Arbeit. Vor diesem Hintergrund besteht ein Großteil des Kurses aus aktiver Arbeit anhand zahlreicher Beispiele und Übungsaufgaben am Rechner. Am letzten Tag wird der gesamte Stoff in einer übergreifenden Übung wiederholt.

Preise und nähere Informationen zu Inhalten und Terminen finden Sie auf meiner Homepage.

SQL Advanced Schulung

Die SQL Advanced Analytics Schulung ist die Fortsetzung der SQL Basics Schulung und vermittelt vor allem die fortgeschrittenen Analysethemen. Sie richtet sich somit an Personen, die ihren Schwerpunkt auf der Auswertung von Daten haben und nicht so sehr auf der Entwicklung von Datenbankanwendungen.

Zunächst werden wichtige SQL Grundlagen wiederholt bzw. die Teilnehmer haben die Möglichkeit, für sie schwierige Themen im Rahmen des Kurses zu diskutieren. Daran anschließend werden zunächst analytische Funktionen vorgestellt und erläutert. Mit diesen können komplexe Auswertungen mit relativ einfachen Anweisungen erstellt werden. Ohne dieses Wissen müssten umfangreiche und stark verschachtelte SQL Abfragen (wie in älteren SQL Dialekten) erstellt werden.

Der dritte Teil behandelt weitergehende Möglichkeiten der Gruppierung. Es können mehrere verschiedene Gruppierungen in einer Abfrage verarbeitet werden (Grouping Sets). Ausserdem werden Superaggregate (ROLLUP / CUBE) berechnet. Die Verwendung der SQL Model Klausel stellt den Abschluss dieses Teils dar. Mit dieser kann ein Excel-ähnliches Verhalten in der Datenbank simuliert werden (z.B. indem man auf andere "Zellen" verweist und in Kalkulationen verwendet).

Im letzten Teil werden verschiedene weitere Funktionalitäten vorgestellt. Das sind hierarchische Abfragen, Pivotierung und weitere nützliche Funktionen (z.B. REGEXP_LIKE, COALESCE, ...)

Preise und nähere Informationen zu Inhalten und Terminen finden Sie auf meiner Homepage.

MDX Schulung

Die 2-tägige MDX Schulung bildet die Grundlage zur Abfrage und Auswertung von multidimensionalen Datenquellen (Cubes). Sie stellt somit das multidimensionale Pendant zur SQL dar. Kenntnisse in SQL (z.B. meine SQL Basics Schulung) sind somit hilfreich, jedoch keine Voraussetzung, da diese Schulung bei null anfängt. Sie eignet sich für Datenanalysten und Softwareentwickler, die in ihrer Praxis oft mit multidimensionalen Datenquellen zu tun haben.

Diese Schulung startet mit grundlegenden Begrifflichkeiten und Konzepten (Cube, Dimension, Member, Tupel, Set, Measure, …). Es folgt nun die Einführung des zentralen Elements: Die SELECT Anweisung. Angefangen mit einfachen Abfragen, werden diese stetig um weitere Teile und Konzepte erweitert, bis letztendlich komplexe Abfragen mit calculated Membern und verschiedenen Mengenoperationen(Union, Intersect, Extract, …) erstellt werden können.

Preise und nähere Informationen zu Inhalten und Terminen finden Sie auf meiner Homepage.

NoSQL Schulung

Die NoSQL Schulung ist angelehnt an das Buch "Seven Databases in seven weeks". Dabei geht es darum, einen ersten Überblick über die verschiedenen NoSQL Datenbanktypen zu bekommen. Diese Schulung ist konzipiert für Anwender, die vor der Entscheidung stehen, Ihre Umgebung um eine NoSQL Datenbank zu erweitern.

Dazu werden in der NoSQL Schulung zu allererst die grundlegenden Konzepte und Begrifflichkeiten geklärt (Sharding, Replication, CAP Theorem, JSON, REST, ….) Danach stelle Ich die vier verschiedenen Typen kurz theoretisch vor und grenze sie zu den weit verbreiteten relationalen DBMS ab:

- Key-Value DB (am Bsp. REDIS oder RIAK)
- Spaltenorientierte DBs (HBase)
- Dokumenten DBs (MongoDB)
- Graphenorientierte DBs (Neo4J)

Nachdem die theoretischen Grundlagen gelegt wurden, geht es ans Praktische. Jede der vier angegebenen Datenbanken wird an praktischen Übungen vorgestellt. Dabei geht es nicht so sehr darum, jede dieser vier DBs am Ende der NoSQL Schulung perfekt zu beherrschen, sondern vielmehr darum, ein grundlegendes Gefühlt für die jeweilige Datenbank zu bekommen. Nichtsdestotrotz wird im Kurs und den Unterlagen auch auf umfangreiche weiterführende Literatur verwiesen, damit man im Nachgang das Wissen in den verschiedenen NoSQL Datenbanken ggf. noch vertiefen kann.

Preise und nähere Informationen zu Inhalten und Terminen finden Sie auf meiner Homepage.

Weitere Schulungen finden Sie auf meiner

Homepage unter http://gaussling.com/schulungen

www.ingramcontent.com/pod-product-compliance
Lightning Source LLC
LaVergne TN
LVHW052304060326
832902LV00021B/3697